AF320575

ORGANISATION DE LA LIBERTÉ

ET DU BIEN-ÊTRE UNIVERSEL.

ORGANISATION

DE LA LIBERTÉ

ET DU

BIEN-ÊTRE UNIVERSEL.

BANQUE FONCIÈRE. — BANQUE DE L'AGRICULTURE ET DE L'INDUSTRIE. — BANQUE DU TRAVAIL. — ENTREPÔTS ET BAZARS. — CAISSES D'ASSURANCES MUTUELLES CONTRE LA MALADIE, L'INVALIDITÉ, L'ORPHELINAT, ETC. — HÔTEL DES INVALIDES DE L'INDUSTRIE.

PAR T. DEZAMY,

Auteur du *Jésuitisme vaincu* et du *Code de l'Organisation sociale.*

Il n'y aura plus de paupérisme ni de prolétariat, dès que les pouvoirs publics le voudront fermement.

PRIX : 1 FR. 50 CENT.

PARIS,

GUARIN, libraire, *rue Bourbon-Villeneuve*, 29.

LYON. — NOURTIER, libraire, *rue de la Préfecture.*

LAUSANNE. — MICHOD, libraire, *rue de Bourg*, 16.

BERNE. — FISCHER, libraire.

1846

INTRODUCTION.

Il n'y aura plus de paupérisme ni de prolétariat, dès que les pouvoirs publics le voudront fermement.

Quelque divergentes que puissent être les opinions des hommes, leurs sentiments s'accordent toujours sur ces deux points : *le désir du bien être et l'amour de la liberté.* C'est la compétition qui existe pour la jouissance de ces biens qui engendre presque toutes les luttes, tous les vices et tous les crimes qui accablent l'espèce humaine. Concordez les vues et les intérêts, dès-lors règneront éternellement la paix, la fraternité, le bonheur.

A la table de Cincinnatus comme à celle de Lucullus, dans une demeure modeste comme dans un palais, sous la bure comme sous l'écarlate, l'homme peut être heureux; mais cette nourriture frugale, cette demeure et ce vêtement modestes, encore faut-il qu'il les ait, qu'il ne craigne jamais d'en être privé. L'homme a d'autres besoins non moins impérieux et dont la satisfaction lui est encore plus précieuse : Il veut être libre d'entraves dans son industrie, dans ses aptitudes, dans ses amitiés, dans ses plaisirs légitimes, dans ses opinions, en un mot, dans toute sa sphère d'activité.

La liberté et le bien-être universel,

voilà donc le but de toute bonne législation, les principes générateurs de l'ordre et de la moralité.

Quel que soit le sentiment qui les anime, l'amour du prochain ou l'égoïsme, tous les hommes reconnaissent dans l'ordre et dans la morale les meilleures garanties, les uns du bien public, les autres de leur bien privé. Mais cet accord n'existe plus dès qu'il s'agit de sanctionner ces vertus par la pratique. L'on voit les hommes les mieux intentionnés se diviser en divers camps ennemis, se faire une guerre acharnée et perpétuer de la sorte leurs ennemis communs : *le désordre et l'immoralité*.

Étant prouvée cette concordance quant au but, pourquoi cette hostilité dans le choix des moyens ? Quelques mots l'expliquent : l'ignorance des causes du mal, l'ignorance des remèdes, l'ignorance des modes pratiques de transformation.

Faute d'étudier profondément les causes du mal et de remonter aux sources, beaucoup s'égarent dans l'appréciation ; méconnaissant la véritable cause, ils se trompent sur le choix des remèdes, ils gangrènent au lieu de guérir. Plusieurs réussissent à reconnaître les causes, mais ils ne poussent pas assez loin leurs recherches sur les moyens de les détruire ; se hâtant de juger le mal incurable, ils se bornent à gémir sur les misères du genre humain. Absorbés dans leurs intérêts du moment ou par un faux point d'honneur, plaçant la satisfaction de leur amour propre soit dans la domination, soit dans des jouissances outrées et exclusives, d'autres s'effraient à l'idée de l'émancipation de leurs semblables. Cet odieux égoïsme provient encore de l'ignorance : nul ne se laisserait

dominer par des passions aussi inhu-
maines, s'il était convaincu des com-
pensations immenses qui résulteraient
pour lui d'une économie plus équitable
et plus puissante des intérêts sociaux. (1)

Il ne faut pas trop s'étonner de cette
situation : dans l'absence d'un système
complet qui protégeât simultanément
tous les intérêts, l'opinion publique ne
pouvait se rallier tout entière sous le
même drapeau. Je conçois même par
cette raison, que certains projets de réformes partielles et exclusives aient pu
alarmer quelques honnêtes gens. Ainsi
les plaies du corps social demeurent toujours ouvertes, l'anarchie se perpétue,

____

(1) Une quatrième cause du mal, c'est le manque de
fermeté et de courage. Il est nombre de gens convaincus
sur les causes et sur les remèdes, lesquels n'osent se résoudre à porter la moindre atteinte aux abus et aux monopoles, de peur de se rendre hostiles ceux qui en jouissent.

la lutte s éternise et le terrible Sphynx tient toujours suspendue sur l'humanité cette énigme menaçante : *Connaître ou souffrir !*

Qui nous en donnera la clé ? L'économie politique et sociale. Mais, je me hâte de le dire, notre économie politique diffère énormément des systèmes de Say, Malthus, etc. Elle seule a puissance d'abaisser les barrières qui séparent les peuples ; elle seule démontre que chaque état peut, en attendant, trouver dans ses propres ressources territoriales et industrielles des moyens abondants de bien-être. Il s'agirait d'organiser diverses institutions de crédit et de solidarité : une banque foncière, une banque de l'agriculture et de l'industrie, une banque du travail, des entrepôts et bazars, des caisses d'assurance, etc. Voici le sommaire de ce système :

Banque foncière. — Elle serait fondée par des propriétaires d'immeubles, qui en seraient les actionnaires, sans bourse délier ni aliénation aucune de leurs propriétés. Chacun d'eux recevrait de la banque des titres hypothécaires transmissibles, pour la valeur estimative des immeubles qu'il aurait consenti à mobiliser. Outre que chaque immeuble continuerait d'être productif de fruits, il deviendrait un capital circulant productif d'intérêts; en d'autres termes, il ferait fonctions de billets de banque, ce qui aurait pour effet d'en doubler le revenu. Nul risque, car l'immeuble ne garantirait rien autre chose que le remboursement des valeurs remises par la banque au propriétaire.

Banque de l'agriculture et de l'industrie. — Au lieu de languir dans la détresse à côté de ses produits, ou de les

vendre à vil prix, le cultivateur et le fabricant trouveraient, par cette banque,
non seulement des avances monétaires,
mais, en outre, un placement facile et
très avantageux de leurs produits. A cet
effet, la banque organiserait des entrepôts et bazars. Exposition perpétuelle,
(par conséquent publicité immense),
garantie de loyauté, prix fixe, tels seraient les éléments de prospérité de
cette institution auxiliaire.

BANQUE DE TRAVAIL.—Elle aurait pour
effet d'affranchir matériellement et mo-
ralement celui qui ne possède que ses
bras, en lui fournissant les matières
premières et les instruments du travail.
Les produits futurs du prolétaire ac-
querraient une valeur hypothécable.
Directement, à peu près, en rapport avec
le consommateur, il retirerait de son travail la valeur intrinsèque. Cette insti-

tution serait d'autant plus admirable qu'elle ne courrait pas même l'ombre d'un risque : elle serait garantie par une caisse d'assurance, et, suréragatoirement, par la loi du fidéï-commis.

Les plans que je vais exposer et développer peuvent être réalisés soit séparément, soit dans leur ensemble ; disons, toutefois, que ce dernier mode donnerait des résultats beaucoup plus grands, beaucoup plus complets. Je ne les pose point comme *immodifiables*, ils se prêtent à tous les perfectionnements. Ils ne sauraient non plus avoir pour effet de jeter la perturbation dans le fonctionnement social ; car ils tiennent compte de tous les intérêts et de tous les besoins actuels. Il est une seule classe d'hommes qui peut se croire gravement atteinte : ce sont *les rois de l'époque, les juifs*. J'avoue que si nos théories économiques étaient en pleine vigueur, on ne verrait plus de Rotschild gagner cent millions par an ; mais faut-il mettre en balance, d'une part, les scandaleuses fortunes de quelques-uns, de l'autre, le bien-être de l'humanité ?

Je ne prétends pas qu'on puisse dès demain extirper tous les vices, toutes les douleurs, et conduire l'humanité tout d'un coup à la plénitude du bien-être. Mais entre cet idéal et le malaise de l'état actuel n'est-il aucune amélioration possible ? Je ne saurais me résigner à le croire. Notre système de crédit et de garantisme a pour but de démontrer qu'on peut faire cesser immédiatement, sans révolution ni secousse violente, l'état de misère et de sujétion du plus grand nombre ; qu'il est possible de procurer à tous, non seulement

le pain quotidien , mais encore une vie
confortable ; que par là on expulserait
de tous les cœurs le cauchemar de la
crainte , des angoisses du lendemain ;
que c'est aussi le meilleur moyen d'at-
taquer dans leurs racines les plus fer-
tiles le vice et le crime (*malè suada
fames !*).

Ce n'est point au hasard et *ex abruptò*
que j'aborde un sujet de cette impor-
tance : depuis plus de dix ans j'ai rigou-
reusement analysé les actes et les sentiments de la génération actuelle , j'ai
étudié mûrement ses besoins et ses as-
pirations , j'ai pesé scrupuleusement
tous les obstacles ; de cette longue
étude , de ce sévère examen , il est ré-
sulté pour moi la démonstration la plus
péremptoire , la conviction la plus ar-
dente, que les améliorations que je propose sont parfaitement *réalisables dès*

ce jour. Nos institutions économiques sont un terrain commun sur lequel peuvent fructifier tous les intérêts, se rapprocher les hommes de bonne foi de tous les partis. Qu'ils lisent ce livre sans prévention, qu'ils réfléchissent, qu'ils méditent sur les solutions qu'il contient, et bientôt, je l'espère, ils seront convaincus, comme moi, que quelque grandes, quel qu'innombrables que soient les misères sociales, elles peuvent être extirpées totalement.

NOTA. — Je me suis efforcé de mettre cet écrit à la portée des intelligences les moins exercées ; je crois y avoir réussi. J'ai en cela peu de mérite littéraire : lorsqu'on se base sur des faits positifs, il est facile de se faire entendre, excepté, toutefois, de ceux qui se bouchent les oreilles.

ORGANISATION
DE LA LIBERTÉ
ET
DU BIEN-ÊTRE UNIVERSEL.

CHAPITRE PREMIER.

DE L'URGENCE DES INSTITUTIONS DE GARANTIE.

—

De plus en plus, la condition des classes laborieuses devient précaire et affreuse. Les choses les plus pressantes de la vie, non seulement elles ne sont pas assurées de les obtenir aujourd'hui au prix de leurs sueurs et de leur liberté, mais elles craignent d'en manquer demain ; et cette crainte du lendemain est encore pire pour elles que leur indigence présente. Les travailleurs prolétaires, faute d'institutions de garantie, se trouvent à la merci des évènements, du capitaliste, de l'entrepreneur et des monopoleurs de toute sorte.

Les maîtres eux-mêmes ne dorment pas toujours sur des lits de roses. Que n'ont-ils point
à craindre de l'état de lutte et d'insolidarité !
Combien, chaque jour, sont précipités du haut
de la roue de la fortune ! Que d'embarras, de
soucis et de chagrins viennent les assaillir sans
cesse ! Que de revers imprévus frappent très
souvent même ceux qui sont le plus en vogue,
ceux qui se croient le mieux assis ! Qui pourrait
se flatter d'échapper au péril ?... le travail, l'activité, le talent et l'intelligence, l'ordre, la prudence, la frugalité et l'économie, en un mot,
la conduite la plus exemplaire, ne peuvent garantir personne contre les caprices du hasard
et les effets de l'antagonisme. Qu'il se produise
demain une invention nouvelle, et cent monopoleurs d'aujourd'hui se trouveront ruinés tout-
à-coup ; eux, les rois de l'industrie, ils n'en seront plus que les serfs. Il n'en faut pas tant pour
beaucoup : qu'il se fonde une nouvelle fabrique,
une nouvelle usine, un nouvel atelier, qu'une
nouvelle boutique s'ouvre en face de la leur, et
voilà leur fortune compromise ! Une crise commerciale, un incendie, une tempête, une faillite, peuvent entraîner bien des ruines. Combien deviennent la proie des chevaliers d'industrie, des usuriers, des accapareurs, des gros
fabricants et des gros capitalistes, et de toutes
ces hordes rapaces que M. Dupin flétrissait, à

la tribune du Palais-Bourbon, du nom de *loups-cerviers!*

Considérez ce qui se passe présentement dans toutes les grandes villes du monde, vous reconnaîtrez avec une sorte de stupeur que la vieille féodalité n'est pas morte, que son esprit revit partout, plus tyrannique que jamais, qu'elle n'a fait que changer de forme. Son champ de bataille, c'est l'industrie ; ses donjons et ses châteaux crénelés, ce sont les lois prohibitives et le coffre-fort. En Angleterre, l'aristocratie a le monopole des céréales, le commerce les accapare, le gouvernement prohibe l'importation, et le peuple meurt de faim. C'est ce qui arrive littéralement, à l'heure qu'il est, en Irlande, où ces lois barbares engendrent deux autres fléaux : l'incendie et le meurtre ; il ne se passe pas un seul jour qu'il ne s'en commette plusieurs. On n'ose plus stipuler en France, des *pactes de famine,* comme cela s'est vu ; mais le crime de l'accaparement n'a point encore disparu tout-à-fait. On n'a pas oublié peut-être les nombreuses émeutes qu'il provoqua, en 1840, dans dix départements à la fois, et les scènes de vengeance et de dévastation qui s'en suivirent.

C'est surtout le petit commerce et la petite industrie qui ont à souffrir du régime actuel. Non seulement ils se déciment entre eux, sans merci ni trève, ils ont à subir, en outre, les homicides étreintes du monopole. Pour que messieurs les grands pachas de la finance, les hauts barons de l'usine, les Crésus du comptoir, les seigneurs de l'industrie entassent millions sur millions, que de victimes ne leur faut-il pas faire dans tous les rangs ?... L'exemple que je vais citer donnera, à lui seul, une idée des funestes effets de l'antagonisme ; on pourra l'appliquer à tous les autres monopoles commerciaux, agricoles et industriels. Je veux parler des *Messageries Royales* et des *Messageries Générales*. Combien de milliers de petites entreprises n'ont pu survivre à leur redoutable concurrence ! Combien de familles n'ont-elles pas, comme on dit, mises sur le carreau ! Mais le monopole est comme Saturne, il dévore jusqu'à ses propres enfants ! Rappelons à l'appui de cette assertion la fameuse lutte des Messageries Françaises contre les Messageries Royales et les Messageries Générales. Ces deux dernières administrations firent contre les Messageries Françaises ce qu'on pourrait appeler un *pacte de guerre*, elles résolurent de les détruire. Les prix furent abaissés outre mesure et, après deux ans environ de lutte, les *Françaises* tombèrent vaincues, laissant sur le champ de bataille plus de deux millions de francs. Supposez maintenant que les *Royales* ni les *Générales* n'eussent existé, les *Françaises* étaient assez fortes pour ruiner toutes les autres entreprises ; ayant à lutter contre le pot de fer, ce sont-elles qui durent subir la loi de la guerre. Cet exemple est significatif et suffit à peindre l'abus : *ab uno disce omnes*. Mais les Messageries victorieuses ne garderont point un monopole éternel. Ces entreprises colossales qu'on croyait au-dessus de tous événements, les voilà à la veille de disparaître, elles-mêmes ; demain la vapeur les aura dévorées. Elles doivent pourtant s'estimer très heureuses que le rail-way ne soit pas venu plus tôt, qu'il leur ait laissé le temps de se mettre, sous l'autel du veau d'or, à l'abri de ses atteintes. Cela n'infirme point mes conclusions ; il en résulte, au contraire, que si le monopole n'est pas toujours funeste à ses élus, il laisse du moins planer sur toutes les têtes l'épée de Damoclès.

On voit, par ce qui précède, qu'en l'absence de véritables institutions de garantie, il y a des misères et des douleurs pour tout le monde. Ces vérités crèvent les yeux et sont au fond de toutes les consciences honnêtes. Il se trouve encore pourtant des intelligences assez aveugles, des cœurs assez cuirassés *du triple airain* pour n'apercevoir aucuns symptômes de ces douleurs lamentables. Il n'est pas de misérables moyens dont nos optimistes ne s'ingénient pour entretenir leurs illusions. Le vagabondage les inquiète ? qu'on l'emprisonne ; le spectre de la faim vient-il troublei leurs plaisirs, leur a-t-il, par hasard, tendu sa main décharnée ? ils trouvent à l'instant le remède : vite la correctionnelle d'abord, puis le dépôt de mendicité, horrible lieu ! où « *on leur donnera du pain bien noir et encore pas suffisamment pour leurs besoins !* (1) » A l'aide de ces expédiens à la Malthus, on est parvenu, il est vrai, à reléguer dans des sortes d'*oubliettes* les misères les plus nombreuses et les plus déchirantes. Puisque c'est un crime d'être pauvre, on s'efforce de cacher ses haillons. Oui ! il y a dans nos villes d'Europe tout un peuple de parias, qui ne voit presque jamais le soleil, qui ne respire presque jamais l'air pur des champs ou des promenades publiques ; plus misérables et plus honteux que les lépreux du moyen-âge, ils meurent d'inanition dans leurs greniers, rebutés, délaissés, ignorés de tous ! Débarrassé de ees importuns, l'égoïsme s'endort sur l'abîme, dont il ne voit plus que les bords fleuris.

Interrogez les conservateurs-bornes : « Tout est au mieux ! » Ils vous entonnent un hosannah sans fin sur les bienfaits du *représentatif !* sur la gloire nationale ! sur l'entente cordiale et le concert européen ! sur la prospérité toujours croissante ! sur les merveilles de l'industrie et

______

(1) Parent du Chatelet.

des beaux-arts! et sur les vertus de *tutti quanti*! Mais qu'importe aux masses laborieuses toutes ces belles choses, si leur condition ne s'améliore nullement? Qu'importent même les généreuses victoires de la science, si elles deviennent aussitôt la proie de quelques monopoleurs? si ce sont des conquêtes guerrières qui veuillent des victimes et des chants de deuil! Qu'importe que le génie de l'industrie et des beaux-arts déploie de plus en plus toute sa magie, si tous leurs chefs-d'œuvre sont réservés aux palais et aux salons dorés? si dans le progrès même la plupart trouvent une nouvelle cause de malaise et de ruine : consommateurs, producteurs, industriels, commerçants et jusqu'aux inventeurs eux-mêmes? Qu'importe au prolétaire de pouvoir contempler des palais, s'il n'a pas où reposer sa tête? que les étoffes les plus riches, que les vêtements les plus superbes et les plus élégants encombrent nos luxueux magasins, si, lui, il n'a rien pour se vêtir? Que lui importe que les récoltes soient abondantes, si le prix des denrées ne doit pas diminuer? que les caves et les celliers du propriétaire soient devenus trop étroits, s'il est condamné à boire de l'eau? N'est-ce pas là le supplice de Tantale? N'est-il pas évident que cette comparaison incessante du luxe de quelques-uns à côté de sa misère ne sert qu'à désespérer les malheureux, qu'à faire naître dans son cœur des pensées de convoitise et de haine, en même temps qu'en celui du riche, des idées de mépris et d'orgueil, de crainte et de domination? Ah! messieurs les privilégiés, modérez votre enthousiasme : n'avez-vous pas assez abusé l'opinion sous le mirage des apparences?

Ne sachant que répondre à ces raisonnemens, les conservateurs ont recours aux subterfuges. Voici un échantillon de leur savoir-faire :

En 1833, M. de Rambuteau, préfet de la Seine, chargé de défendre à la chambre des députés le système social actuel, eut une bizarre inspiration : il imagina de nier le prolétariat et de couvrir la France de propriétaires (1). Il put, sans rire et sans sourciller, affirmer «qu'en France, il y a plus de *cinq millions de propriétaires chefs de famille*, représentant environ vingt-deux à vingt-cinq millions de population; que dès-lors ce sont les *prolétaires qui sont le plus petit nombre* et non la majorité, comme l'affirment quelques publicistes. » Or, sur quelle autorité M. de Rambuteau appuyait-il sa révélat'on ? Sur les dix millions de cotes de l'impôt foncier. Mais ces dix millions de cotes prouvent précisément le contraire.

___

(1) Voir, sur ce sujet, la *Revue indépendante* de septembre et d'octobre 1842, article *Ploutocratie*, par Pierre Leroux.

En effet, ce n'est pas tout que de répéter : *il y a dix millions de cotes*. Il faut voir de quoi elles se composent. Si sur ces dix millions de cotes, il y en a *huit millions* de si petites valeurs que ceux qui les paient sont évidemment des PROLÉTAIRES, il faudra en conclure, à l'inverse de M. de Rambuteau, que l'immense majorité du peuple est composée de prolétaires. Voici le tableau des rôles de l'impôt foncier sur lequel s'appuie M. de Rambuteau. Le lecteur va pouvoir décider la question à la première vue :

MONTANT DES COTES.	NOMBRE DES COTES.	PRODUITS.	Moyenn. des cotes.	
Francs.			fr.	c^{es}.
20 et au-dessous. . .	8,024,987	47,789,521	5	95
21 à 300	2,169,078	132,432,904	61	03
301 à 1000 et au-dessus.	102,628	67,405,494	656	»»
	10,296,693	247,627,919		

·Lecteurs, vous voyez pleinement le résultat, savoir : *huit millions de cotes* dont la moyenne est de 5 fr. 95 cent., deux millions dont la moyenne est de 61 fr., et enfin, cent mille cotes dont la moyenne est de 656 fr.

...... Mais il s'agit de savoir ce que possèdent les huit millions de petits propriétaires.

Ils paient des cotes de 5 fr. 95 cent. en moyenne. Or, on suppose qu'ils paient chacun deux cotes ; car c'est sur cette supposition que de dix millions de cotes on conclut cinq millions de propriétaires. Ils paient donc à l'état en moyenne 11 fr. 90 cent. Mais l'impôt foncier est au revenu, selon M. Humann, comme un fr. est à 6 fr. 94 cent. Leur richesse s'élève en conséquence à 82 fr. 58 cent. de revenu.

Ainsi voilà le résultat des *dix millions de cotes!* Ces dix millions, tant célébrés, nous annoncent qu'il y a en France, comme on dit, cinq millions cinquante mille propriétaires fonciers ; il y en a : 1° quatre millions qui jouissent d'un revenu de quatre-vingt-deux francs 58 cent. ; 2° un million dont le revenu est environ décuple, c'est-à-dire de 846 fr. ; mais 3° qu'il en reste toujours 50,000 qui jouissent, terme moyen, de plus de neuf mille livres de rente, en propriétés foncières seulement.

A cinq personnes par famille, supposition adoptée par M. de Rambuteau, les cinq millions cinquante mille propriétaires, chefs de famille, représentent donc :

1° Vingt millions d'individus jouissant chacun du 5me de 82 fr 58 cent, c'est-à-dire de 16 fr. 50 centimes.

2° Cinq millions d'individus jouissant chacun du 5me de 846 fr. ; c'est-à-dire de cent soixante-neuf francs.

3° Deux cent cinquante mille individus jouissant chacun du 5me de 9,000 fr., c'est-à-dire de 1,800 francs.

Or, je dis qu'à moins de renoncer au sens-commun, il ne faut point donner aux VINGT MILLIONS dotés par tête de SEIZE FRANCS cinquante centimes de revenu, le même nom qu'aux deux cent cinquante mille dotés d'un revenu plus que centuple.

Je dis que lorsqu'on jette, au moyen de la statistique, un regard sur la situation intérieure d'un peuple, c'est une profonde immoralité ou une cécité complète que de confondre sous le même point de vue ceux qui, ne possédant presque rien, sont évidemment des travailleurs sans capital, avec la classe qui absorbe évidemment tous les capitaux.

Qu'importe, en effet, que les premiers possèdent quelque chose? Ne possédons-nous pas tous quelque chose? Le mendiant ne possède-t-il pas lui-même quelque chose, quelque meuble, quelques haillons? La question n'est pas là. La question est de savoir combien il y a en France de *travailleurs* sans *capital*, et combien il y a de capitalistes qui gouvernent les travailleurs.

Les manufactures, les hôpitaux, les bureaux
de charité montrent les prolétaires par mille,
par cent mille, par millions. Mais, pour mentir
sur les campagnes, on profite de ce que les lois,
les livres, les journaux se fabriquent dans les
villes. Et parce que le cadastre a révélé le
morcellement du sol en 124 millions de parcel-
les, parce que les cotes de l'impôt foncier attes-
tent quatre millions de petits contribuables, on
ose, par le plus pitoyable jeu de mots, ériger
en axiôme que, depuis la révolution, le sol de
la France s'est couvert et se couvre chaque jour
de propriétaires.

Il est vrai que, depuis lors, la population des
campagnes s'est attachée à posséder. La propriété, telle est la seule voie d'affranchissement
que cette révolution a montrée aux agriculteurs.
Ils n'ont pas d'autre ciel ouvert devant eux, pas
d'autre route de moralité et de bonheur. Ils se
précipitent donc vers la propriété, mais la plupart sans jamais y atteindre. Les plus sages ob-
servateurs, entre autres, M. Mathieu de Dom-
basle, signalent cette soif de posséder comme
une cause de ruine certaine et de misère irre-
médiable pour la masse des travailleurs agricoles. On sait que la terre ne rend qu'en raison
des avances qu'on peut faire pour la cultiver. Ces
avances manquent au manœuvre. Surviennent
maintenant des besoins pressants, une mauvaise

année, des maladies, choses fort ordinaires parmi des hommes exposés à tant de privations : voilà notre petit propriétaire endetté, hors de payer ; il devient la proie d'un usurier ou d'un propriétaire voisin, qui ne manqueront pas de profiter de son embarras et de l'exproprier au besoin.

Je ne veux point conclure pourtant que la petite propriété soit nécessairement inférieure au capital monétaire : bientôt je démontrerai le contraire ; mais pour qu'il en soit ainsi, il faut que le capital foncier acquière toute sa virtualité naturelle, autrement dire, il faut qu'il soit affranchi et vivifié par de bonnes institutions de crédit.

Voyons maintenant quel est le thermomètre de cette prospérité tant vantée dont parlent à tout propos nos politiques officiels. Les laborieuses recherches de MM. Eugène Buret et Pierre Leroux viennent nous édifier à cet égard (1).

D'après les calculs de ces publicistes dignes de foi, il résulte, chose épouvantable ! il résulte qu'à l'heure qu'il est, il y a en France plus de trente millions de prolétaires, savoir :
1re classe   4,000,000   de mendiants ;

---

(1) *De la misère des classes laborieuses, et Ploutocratie.*

2ᵉ classe 4,000,000 { d'indigents, pour la population urbaine seulement ;

3ᵉ classe 4,000,000 { de salariés sans aucun titre de propriété quelconque, savoir :

1° Un million et demi d'ouvriers de la population manufacturière ;

2° Un demi million de marchands ou employés du commerce intérieur et extérieur ;

3° Un demi million d'aides de l'agriculture n'appartenant pas aux familles agricoles qui figurent sur les registres de l'impôt foncier, familles qui elles-mêmes fournissent aux grands propriétaires agricoles cinq millions et demi d'aides ;

4° Enfin, un million et demi fourni par les professions dites libérales, les fonctionnaires publics, le clergé, l'armée, la marine, la do-

4e classe	18,000,000	mesticité dans les villes ; ne possédant pas l'instrument du travail nécessaire à leur subsistance, n'ayant pour tout bien qu'un chetif logement ou un morceau de terre équivalent à ce logement ;
5e classe	4,150,000	jouissant officiellement d'un revenu foncier de cent vingt-huit francs ;
6e classe	750,000	jouissant officiellement d'un revenu foncier de quatre cent quatre-vingt-onze francs ;
7e classe	230,000	jouissant officiellement de deux mille livres de rentes en propriété foncière.

35,130,000

C'est dans les 6e et 7e classes qu'est en réalité tout le capital de la France. Si on compte par chefs de famille, on trouve :

Moyens propriétaires, jouissant officiellement de plus de 2,400 fr. de rente foncière 150,000

Grands propriétaires, jouissant offi-

ciellement de 1,000 fr. de rente fon-
cière.   46,000
____
196,000

Ce qui représente environ un million de vrais propriétaires.

De nos recherches, il résulte qu'en ce qui concerne les cinq premières classes, le salaire ne s'élève par jour qu'aux sommes suivantes :

                                        cent.

1° Pour les mendiants, à.   20

2° Pour les indigents, à.   25

3° Pour les salariés sans aucun titre de
      propriété, de.   28

— à. . . . . 1 fr.   10

4° Pour les prolétaires ayant leur logement
      assuré, de.   28

— à   84

5° Pour les propriétaires jouissant d'un re-
      venu foncier de 128 fr., à.   90

Malgré leur excessive misère, cinq classes de parias n'en fournissent pas moins largement leur part au *Budget-Gargantua* (1). Ils paient au minimum, savoir : de contribution foncière . . . .   135 mill.
de contribution mobilière.   762
____
897 mill.

____

(1) Il s'élève à 1 milliard 130 millions, non compris les crédits extraordinaires.

Ces arguments demeurent sans réplique ; il est impossible, après cela, de nier le mal et la nécessité des réformes. Mais les ennemis du progrès ne pèchent guère par excès de bonne foi ; ils ne se tiennent pas pour battus.

Après les optimistes, viennent les politiques et les prétendus moralistes. « Gardons-nous, s'écrient-ils, de semer des idées de liberté et de bien-être ; il y aura toujours des pauvres ; le prolétariat est nécessaire, c'est le plus puissant véhicule du travail et le frein des passions et de l'anarchie. Ce qu'il faut au peuple, ce sont des consolations religieuses et de la résignation. D'ailleurs, n'est-il pas infiniment moins malheureux qu'autrefois ! »

Certes, à comparer notre époque au moyen-âge, on pourrait trouver qu'effectivement nous vivons dans un siècle fortuné. Est-ce à dire pour cela qu'il n'y ait plus aucune amélioration à opérer ? est-ce que le mal de l'un a guéri le mal de l'autre ? Mais allons au fond des choses. Est-il bien réel que la condition des masses soit plus supportable, moins inquiétante aujourd'hui qu'au moyen-âge ? Si quelqu'un ose fonder sur une pareille illusion son *conservatisme quand même*, c'est qu'il ne voit la vie que sous un seul prisme, au lieu d'en considérer l'ensemble. Je l'adjure de méditer les réflexions suivantes, il se convaincra peut-être combien était insensé son quiétisme conservateur ; il comprendra que le besoin de bien-être est toujours en proportion des idées, des mœurs, des circonstances, des progrès accomplis.

1° Au moyen âge, on avait peu de désirs du confortable ; car pour désirer, il faut connaître. Il n'en peut être ainsi aujourd'hui. Les progrès de l'industrie, des sciences et des arts ont éveillé de nombreux besoins. Qui a goûté une fois aux aisances de la vie ne peut plus s'en passer : rien ne se transforme plus vite en besoins. Pourquoi donc le peuple serait-il déshérité des conquêtes de son siècle ? Quand l'usurier, le saltimbanque, l'agioteur roulent sur l'or ou s'abîment dans les excès de la volupté, serait-il juste de voir rouler sur la vermine et s'étioler de privations le cultivateur, qui produit la vie, l'artiste et le savant, qui l'embellissent ?

2° Au moyen-âge, la plupart des abus étaient choses reçues et acceptées ; ils ne pouvaient donc soulever de résistances bien vives. La religion, les lois, les mœurs, les habitudes, tout accoutumait le peuple à l'infériorité et à l'abjection, tout lui persuadait que ses maux étaient le partage providentiel de sa classe. La religion avait le pouvoir d'amoindrir toutes les infortunes et toutes les souffrances, de voiler aux yeux des peuples toute l'horreur de la tyrannie et de la légitimer, en quelque sorte.

La pauvreté n'était point alors une honte ; la terre était *une vallée de larmes*, *un gîte d'une nuit;* la patrie était *là-haut;* le prêtre montrait *le ciel* au malheureux comme le terme de son pèlerinage, comme la *récompense certaine de sa résignation.*

En est-il encore ainsi? évidemment non. Les plus saintes institutions du passé n'ont plus de prestige aujourd'hui ; que de dogmes religieux, que de dogmes politiques qu'on croyait éternels s'affaiblissent et tombent chaque jour, sous les coups du *libre-examen.* Aussi, plus de frein, plus de sécurité pour personne, dès que les intérêts sont en lutte ; l'or et le pouvoir sont les seules divinités qu'on encense. Les souffrances du prolétaire sont donc plus horribles qu'autrefois, parceque toute compensation est morte au fond de son cœur. Faut-il s'efforcer de ramener les masses à *l'abnégation et à la passivité?* On le voudrait en vain : rallume-t-on des cendres éteintes? Un enfant, comme le disait le Christ, peut-il rentrer dans le sein de sa mère? Que conclure? sinon qu'il faut chercher dans un meilleur arrangement des intérêts sociaux ce qu'on ne trouve plus dans les régions surnaturelles.

C'es, ce qu'à fini par comprendre le ministre Peel. Il y a deux ans à peine, il disait le remède impossible, il conjurait le peuple de continuer à chercher dans une *sublime résignation* l'adoucissement de ses souffrances. Aujourd'hui, il déclare, à la face du monde, qu'il était dans une erreur capitale, et il ajoute que, si on ne se hâte d'adopter des remèdes matériels, il est impossible d'éviter une révolution sanglante. Tel est aussi l'avis d'un des hommes les plus renommés de la Belgique, de **M.** de Poter. « On a rejeté, dit-il, l'enfer et le paradis de l'invention et à l'usage des prêtres, mais *on n'a rien mis à la place.* Le vide laissé par la suppression du mensonge, parfois salutaire, n'a pas été rempli par la vérité, toujours sainte; c'est là un grand mal. La société est dans un état pire qu'auparavant. Il faut se hâter de proclamer ce qui ne procédant de l'imagination et ne servant à la spéculation de personne, ne pourra être exploité que par et pour l'humanité. Si l'on tarde trop, qu'est-ce qui empêchera les riches de pousser de plus en plus les pauvres à bout de souffrance et de patience, et les pauvres de se fâcher enfin, de dépouiller et même d'égorger les riches? Pour moi, je ne le vois pas. »

Ces appréhensions sont terribles et peut-être exagérées; mais hélas! que de symptômes menaçants viennent chaque jour, en quelque sorte, les fortifier! Consultez vos statistiques officielles, vous verrez que le chiffre annuel des crimes constatés a presque doublé, en France, depuis vingt ans, et que la progression devient de plus en plus effrayante. Mais ce n'est pas tout, les criminalistes s'accordent à dire qu'il y a mille probabilités que la moitié des crimes demeurent inconnus. D'où il résulte que le crime s'est en quelque sorte discipliné, érigé en art, au point de frapper quatre fois plus souvent. — Le chapitre du suicide est encore plus lamentable ; il n'épargne aucune condition, aucun sexe, aucun âge. « Depuis 13 ans, il a précipité dans la tombe 25,000 individus (j'écarte de ce nombre tous ceux dont la folie a égaré la main) : malheureuses victimes, parmi lesquelles on compte, de 1835 à 1839 seulement, 91 *enfants* qui n'avaient pas encore seize ans, et 2,000 *vieillards* qui en avaient plus de soixante. » Ce n'est point un révolutionnaire, c'est un des vôtres, M. de Châteauneuf, qui est venu faire, à l'Institut, il y a bientôt quatre ans, ces tristes révélations. « Je crains, disait-il, qu'on ne trouve mes crayons trop noirs et le tableau trop sombre. Et pourtant, je n'ai fait que prendre les chiffres tels que l'ordre chronologique me les a présentés, et les écrire à la suite les uns des autres, sans aucune idée préconçue, sans aucun plan formé à l'avance. »

Là pourtant ne se borne point le mal ; au désordre moral, il faut ajouter une longue et
épouvantable litanie de faits de subversion sociale. Je me borne à en signaler quelques-uns.

Vous dites que tout est au mieux possible....
Mais que signifient en ce cas les chiffres du bul-
letin criminel ! que signifient toutes ces collisions sanglantes qui ont jeté un voile si lugubre
sur nos dix dernières années ? Serait-ce de gaîté
de cœur que le peuple de Lyon inscrivait sur sa
bannière ces mots terribles : *Vivre en travaillant
ou mourir en combattant !* et qu'il demeurait huit
jours en proie à la guerre civile ? Serait-ce par
pur caprice que les fils de Rebecca incendiaient
naguère les barrières du fisc anglais et jetaient
la terreur dans tout le pays de Galles ? Seraient-
ce des effets sans cause que cette multitude de
grèves et de coalitions qui viennent si souvent
apporter dans l'industrie et les relations sociales
tant de trouble et de misères, qui aboutissent
quelquefois à des catastrophes sanglantes, ainsi
que cela est arrivé, hier encore, à St-Étienne ?
A-t-on sitôt oublié les promenades monstres du
Chartisme (en 1840 et en 1841) et les immenses
dévastations qui en résultèrent ? Serait-ce par
esprit de férocité, ou parce qu'il *meurt de faim*,
que le bon et pacifique Irlandais semble aujourd'hui altéré de vengeance ; qu'un peuple
presque tout entier se fait meurtrier ou voleur ;

que les Molly-Maguires ont restauré, au XIXe siècle, le tribunal des *Francs-Juges* et exécutent ponctuellement les sentences d'incendie et de mort prononcées par leur *Sainte-Vehme?* Serait-ce enfin par cruauté native que le Slave furieux se baigne dans le sang de ses nobles, et que l'esprit des *Bons Hommes* souffle au cœur des paysans polonais, qui déjà ont commencé leur jacquerie? On les appelle brigands; ils répliquent, eux, qu'ils n'ont fait que solder le capital accumulé d'une vengeance séculaire! Comment espérer de la modération et de l'humanité quand toutes les notions de justice et de morale, quand tout les rapports sociaux ont dès longtemps été pervertis?

Ainsi compétition et antagonisme, angoisses et misères sans nombre, esprit de haine et de vengeance, vices et crimes, luttes et violences, incendies et dévastations, etc. : voilà le bilan de la société actuelle!

Eh bien! politiques et moralistes officiels, demeurerez-vous froids et insouciants devant de pareils faits? Ne comprendrez-vous pas enfin que les gouvernements marchent dans une voie périlleuse, qu'*il y a quelque chose à faire*, c'est-à-dire, que le moment est venu de mettre au niveau des besoins du siècle les institutions sociales? Hélas! *les bornes* ne peuvent croire au mouvement. Semblables à ces statues dont parle le Psalmiste, ils ne voient rien, n'entendent rien, ne comprennent rien ; *maintenir et contenir :* ils demeurent là, toujours là. Attendront-ils que le char du progrès vienne les broyer sous ses roues ?

Mais, va-t-on dire, à quoi bon ces sinistres tableaux ? vous voulez donc enflammer les haines ardentes, exciter le pauvre contre le riche ? Rien n'est plus loin de ma pensée ; je parle en physiologiste, je dissèque les faits et je les expose impartialement. Mais, au lieu d'amplifier, j'abrège : combien d'autres enseignements non moins terribles je passe ici sous silence ! Non, non, ce n'est pas nous qui poussons aux sanglantes catastrophes ! Si quelque chose, au contraire, peut en prévenir le retour, si l'humanité sainte doit bientôt consoler la terre, ce sont nos doctrines d'économie, de moralité et de justice qui l'y appelleront. Notre première loi, à nous, c'est d'expulser de tous les cœurs toute idée de vengeance, c'est de n'oublier jamais que nos ennemis, eux-mêmes, sont des frères égarés ; notre seconde loi, n'est pas moins sacrée : c'est de travailler à guérir les souffrances du peuple, c'est d'aviser à la réalisation la plus prompte de la liberté et du bien-être de tous. C'est pourquoi nous ne cesssons d'appeler, sur les misères et les vices sociaux, l'attention de tous les cœurs généreux, afin qu'ils avisent aux moyens pacifiques de concilier tous les intérêts. Pour guérir le mal, il faut le sonder ; doit-on haïr le médecin parce qu'il définit la maladie ?

Si les vérités qui viennent de nous sont sans influence sur eux, que nos myopes politiques méditent ces belles paroles de M. Guizot : « C'est l'esprit du temps de déplorer la condition du peuple.... Mais on dit vrai, il est impossible de regarder sans une compassion profonde tant de créatures humaines si misérables.... Cela est *douloureux, très-douloureux à voir, très-douloureux à penser;* et cependant, il faut y penser, y penser beaucoup ; car *à l'oublier il y a tort grave et grave péril* (1) ! »

Honneur donc à M. Guizot !.... Mais ce n'est pas tout que de penser au mal, il faut y porter remède, et promptement. Où trouver ce remède ? Dans les bureaux de charité, disent nos philantropes. Tel n'est point du tout mon avis.

« Les institutions de bienfaisance sont à la fois un signe et une cause permanente de misère. D'une part, leur existence atteste qu'il y a, au sein de la société, des ouvriers qui demandent du travail sans pouvoir en trouver ; d'un autre

______

(1) Si M. le président Sauzet avait eu dans l'esprit de telles pensées, il n'eut pas, certes, laissé échapper cette exclamation malheureuse : « La chambre ne donne de l'ouvrage à personne : elle exerce son droit. »

côté , les secours insuffisants mais prochains et assurés qu'elles jettent en pâture à la misère , entretiennent l'apathie des travailleurs pauvres et leur ôtent la pensée de tenter un effort vigoureux pour améliorer leur position. A quoi il faut ajouter que la société ainsi débarrassée du hideux spectre du paupérisme , oublie cette plaie rongeuse et s'endort dans un dangereux quiétisme. Donc, si la charité publique est quelquefois un palliatif nécessaire , elle est toujours le plus détestable des remèdes. »

Aucun pays du monde n'a plus d'établissements de charité que les états de l'église ; or, l'abjection , l'ignorance , la paresse et l'improbité des protégés du pape sont presque proverbiales. Qu'est-ce , en effet , que tous ces misérables palliatifs ? UNE GOUTTE DE BAUME DANS UN OCÉAN DE DOULEURS ! Ce n'est pas des charités qu'il faut aux prolétaires , ce sont les instruments de travail , les matières premières , des institutions de garantie , il leur faut de plus les bienfaits de l'éducation et de l'émancipation politique.

Ici se termine ma partie critique ; j'ai cru qu'il n'était pas sans quelqu'utilité de la mettre parallèle avec nos idées organiques. Le reste de cet écrit sera consacré à exposer les divers plans que je crois les plus propres à résoudre , plus ou moins complètement, le problème industriel et social.

CHAPITRE II.

DU CRÉDIT ET DES BANQUES EN GÉNÉRAL.

—

Depuis bien des siècles, on s'occupe d'organiser le crédit ; mais là, comme ailleurs, le progrès marche lentement et ne s'enfante qu'avec des douleurs. A considérer d'une manière superficielle le fonctionnement des banques, beaucoup s'imaginent que les grands établissements de ce genre laissent peu à désirer, si ce n'est sous le rapport de la prudence. Mais lorsqu'on s'est donné la peine de méditer sérieusement sur cette question majeure, lorsqu'on a examiné dans leur ensemble tous les élémens du crédit, on reconnaît bientôt que les banques sont loin d'être arrivées au point d'utilité et de solidité qu'elles comportent. Signalons en peu de mots quelques-unes des lacunes qui résultent de leur organisation actuelle :

1° Au lieu d'asseoir leur gestion sur des bases solides, inébranlables, la plupart des banques se livrent à des opérations aventureuses et aboutissent très souvent à des crises, à des catastrophes.

2° Les banques d'état, elles-mêmes, n'ont point encore perfectionné leurs ressorts économiques, à tel point que les resserrements de capitaux ne puissent avoir nul danger, et que les paniques commerciales deviennent impossibles.

3° Peu de banques prêtent à la petite propriété un véritable appui ; lorsqu'elles la favorisent, elles ne rendent leurs offices qu'à des conditions très onéreuses.

4° J'en dirai autant à l'égard de la petite industrie. Les banques qui prêtent sur dépôt de denrées ou de marchandises apportent dans ces opérations tant d'entraves et tant d'incurie que ces avances, le plus souvent, deviennent pour l'emprunteur une calamité plus grande que sa pénurie primitive.

5° Enfin (ce qui me paraît le vice capital), les banques excluent entièrement de leur sanctuaire la masse des producteurs, c'est-à-dire, ceux qu'il faudrait aider davantage. Quant au petit nombre des élus, c'est toujours en proportion inverse des bésoins que la faveur du cré-

dit leur est distribuée, très souvent à des conditions usuraires.

Je vais établir, par quelques considérations,
quelles sont les principales causes qui frappent
d'impuissance et de stérilité toutes nos institutions de crédit.

Lorsque certains évènements, certaines crain-
tes de guerre ou de commotions intérieures
viennent jeter la défiance et la perturbation dans
les rapports industriels et commerciaux, le crédit privé comme le crédit public baissent en
proportion de la gravité des circonstances, jusqu'à devenir nuls, quelquefois. Le placement et la
circulation des capitaux sont arrêtés à l'intérieur,
le numéraire demeure caché ou ne se prête
qu'avec usure, et souvent même il va chercher
ailleurs des placements qu'il croit plus sûrs et plus
productifs. De même, si la paix intérieure et
extérieure donnent lieu à un grand développement de l'industrie et à de grandes entreprises,
sans que de leur côté les lois ou quelqu'institution publique provoquent un grand développement du crédit, alors l'argent devient indispensable comme instrument des échanges, et le
taux de l'intérêt s'élève en raison des profits
qu'offrent les entreprises industrielles et commerciales.

Quand le crédit sera rendu assez solide et
puissant pour servir de médiateur dans les tran-

sactions commerciales, la médiation du numé-
méraire deviendra de moins en moins nécessaire ; alors, le taux de l'intérêt baissera progressivement, jusqu'à ce qu'il se trouve ré-
duit aux frais d'administration. Chaque jour
nous fournit des exemples de cette possibilité.

En effet, quoique le taux de l'intérêt légal
soit de 5 pour cent, et que le taux commercial
soit de 6, des placements considérables soit
pour prêts sur hypothèques, soit en achats
d'immeubles, soit dans des maisons de commerce de premier ordre, se font aujourd'hui
spontanément en raison de 3 ou 4 pour cent,
taux commun du revenu net des immeubles ; de
même les placements sur les fonds publics, d'a-
près leur prix courant, ne rapportent guère
plus de 4 pour cent. En proportion, au contraire, que les garanties sont imparfaites s'élève
le taux de l'intérêt, aucun placement ne se fait
au-dessous du 5 pour cent, et en dépit des lois
contre l'usure, le taux conventionnel est porté
même au-dessus de 10, de 15 pour cent.

Deux faits qui frappent tous les économistes,
ce sont les suivants :

1° Quand même l'argent devrait faire, lui
seul, les fonctions de médiateur dans les échanges (ce que je suis très loin d'admettre), la
quantité existante dans chaque pays suffirait,

peut être, pour ceux qui s'y opèrent, si aucun empêchement ni aucun risque n'en ralentissait la circulation.

2° La partie de l'intérêt excédant le revenu net des immeubles est perçue à titre de prime d'assurance, pour les risques auxquels sont exposés les capitaux, et proportionnellement à la gravité de ces risques.

Ainsi, on le voit, pour que le prêteur se considère dans une situation de garantie parfaite, il ne suffit pas que ses capitaux soient hypothéqués sur des immeubles. Car il arrive très-souvent que la législation a laissé la porte ouverte à la chicane et à la fraude, la procédure, d'ailleurs, est toujours très-onéreuse, même pour le gagnant. D'où il résulte que le sort des créances dépend, dans bien des cas, de la moralité du débiteur. Aussi voit-on le crédit personnel jouer, dans les transactions commerciales, un rôle très important; son concours est constamment appelé à l'appui du crédit réel, quoique celui-ci soit fondé sur des gages matériels.

Mais malheureusement, combien de fois la probité des hommes n'est-elle pas corrompue par les lois impérieuses de la nécessité ou par les vices de la législation! Le crédit personnel est donc l'exception et non la règle; il est d'ailleurs ordinairement trop faible pour prêter un appui solide ou assez considérable au crédit réel.

Il faut ajouter que le crédit personnel ne pouvant s'étendre au loin que par la notoriété publique de la confiance que méritent les individus, il n'est encore qu'un très-petit nombre qui puisse jouir d'un vaste crédit, vu la difficulté et la rareté des rapports (1).

En effet, tandis qu'il se fait journellement une grande somme d'opérations à crédit, même sur simple promesse verbale entre les habitants d'une même ville, il s'en fait beaucoup moins entre ceux de deux villes distantes l'une de l'autre, et la somme de ces opérations va toujours en diminuant, à mesure que la distance est plus grande, que les rapports sont moins fréquents.

Une autre cause contribue encore à affaiblir le crédit personnel et en exclut quiconque ne peut offrir de garantie matérielle, c'est l'interruption du travail, le chômage ; tandis que de bonnes garanties de non interruption donneraient à ce crédit une grande consistance et le rendraient accessible à tous, même au simple travailleur.

Quant au crédit foncier, son impuissance à

(1) Ce dernier obstacle ne peut être de longue durée ; il s'affaiblit chaque jour à mesure que les chemins de fer se généralisent et se perfectionnent ; qu'ils deviennent accessibles à toutes les bourses, et il finira par disparaître.

jouer dans l'état actuel des choses un rôle indépendant est manifeste, si l'on considère tous
les risques et tous les embarras qu'il est si difficile d'éviter dans les prêts sur hypothèques et
dans tout contrat de vente ou d'achat d'immeubles.

Afin que le crédit foncier soit assis solide-
ment sur la propriété qui lui est affectée pour
gage, et qu'il soit rendu indépendant du crédit
personnel, il faut nécessairement que le prêteur puisse acquérir la certitude :

1° Que la consistance de la propriété est telle
qu'elle résulte de la déclaration de l'emprunteur et des titres produits à l'appui ;

2° Que cette propriété est à l'abri de tout risque de destruction ou de détérioration grave ;

3° Que le revenu n'est point sujet à des sinistres tellement fréquents que l'éventualité des
produits annuels rendent presque nulle la valeur du fonds ;

4° Il faut bien s'assurer aussi que la propriété
et l'usufruit appartiennent à l'emprunteur, ou,
du moins, qu'il soit démontré que ses droits actuels s'élèvent au-delà de la somme prêtée ;

5° Que le droit de propriété n'est entaché
d'aucun vice qui puisse donner lieu à la nul-
lité ou à la rescision de l'acte d'achat, ni à aucun supplément de prix, et qu'il en est de

même quant aux auteurs du possesseur actuel, si la possession de celui-ci n'est pas d'ancienne date ;

6' Que l'hypothèque ne peut devenir illusoire par suite de priviléges dont l'inscription ne serait pas obligatoire, ou pourrait, quoique postérieure, primer celle du prêteur. Faisons observer aussi que l'hypothèque peut encore devenir de nulle valeur, en cas de faillite ou cession de biens, si l'inscription n'a été faite dix jours avant la faillite ou la cession.

Or, on conçoit aisément combien toutes ces investigations sont fastidieuses et difficiles ; elles sont souvent impossibles aux jurisconsultes les plus habiles. Le cadastre n'offre pas toujours des garanties parfaites de la consistance des propriétés ; il ne peut fournir aucune donnée sur les dangers dont elles sont menacées, et peu sur les changements qu'elles ont subis depuis sa confection. Il n'est point, non plus, d'archives publiques, il est bien peu d'archives de famille qui offrent la réunion des titres qu'il importe de vérifier. Il n'existe enfin nulle part aucun répertoire assez général pour mettre sur la trace du véritable état des choses. Il résulte des myriades de procès dont les tribunaux sont saisis, qu'il est impossible de voir clair dans les droits de la propriété foncière, là surtout où, comme en France, le régime des hypothèques légales occultes laisse encore la voie ouverte à l'erreur et à la mauvaise foi.

Par toutes ces considérations, il arrive que le gage immobilier tout seul est plutôt redouté que recherché, lors surtout qu'on a besoin de toucher son argent dès l'échéance. Cette crainte est d'autant mieux fondée que l'emploi des moyens de contrainte et l'expropriation sont la plupart du temps la conséquence inévitable des prêts sur hypothèque. Cela se conçoit facilement; les emprunts sur hypothèque sont rarement combinés avec les moyens de leur remboursement, ou les plus sages prévisions des emprunteurs sont, dans l'état actuel des choses, trop souvent trahies par ces crises nombreuses qui arrêtent à tout instant la circulation des capitaux, le mouvement commercial et l'activité industrielle.

S'il est obligé de recourir aux voies judiciaires, il est certain que le créancier devra non seulement attendre longuement l'issue du procès, mais encore faire l'avance des frais de poursuites, frais dont le total s'élève quelquefois au-delà du montant de la créance.

Les formalités de la procédure ont pour résultat de faire gagner au débiteur des délais que les créanciers n'entendaient pas lui accorder, et de lui fournir les moyens de les faire compo-

ser, ou bien, par contre, ces formalités fournissent à quelque créancier plus adroit et
plus pécunieux l'occasion de s'enrichir aux dé-
pens de ses co-ayants droits, en employant lui-
même, au lieu du débiteur, toutes les ressources de la chicane pour les décourager, pour les
effrayer, afin *d'acheter à vil prix* leurs créances,
ensuite la propriété même.

Parmi les risques auxquels sont exposés les
créanciers hypothécaires, il en est un qui est
commun à tous ceux qui ne savent pas lire, ou
qui ne lisent pas habituellement le journal qui
contient les publications légales ; le nombre en
est, certes, bien grand.

Lors de la purge des hypothèques, il arrive
très souvent que ces créanciers n'ont pas connaissance, soit des significations faites au domicile par eux élu (lorsque ce domicile n'est pas
leur habitation actuelle), soit des publications
faites dans le journal, soit encore moins de
celles qui ont lieu dans l'enceinte du tribunal ou
ailleurs ; nonobstant, faute de comparaître dans
le délai voulu et de remplir les formalités prescrites pour justifier de leurs droits, ces droits
sont frappés de péremption et leurs inscriptions
rayées d'office par ordonnance du tribunal, le
tout à leur insu.

De pareils dangers menacent également la
plupart des créances privilégiées non inscrites :

le privilège des hypothèques occultes devient donc parfois aussi dangereux pour le privilégiaire que pour les créanciers du domaine sur lequel elles sont assises.

Afin de se garantir contre ces dangers, quelques prêteurs sur hypothèque ont recours à l'achat, sous la réserve du droit de *reméré* pour le vendeur ; mais ce moyen est d'ordinaire un guet-à-pens tendu au malheureux emprunteur.

Il existe presque partout des misérables qui s'empresent de faire aux propriétaires poursuivis par l'adversité, ou entraînés par le vice vers leur ruine, des offres généreuses ; ils emploient des expressions si délicates, font des promesses si obligeantes que ces offres ne manquent guère d'être acceptées. Les premiers services sont ordinairement gratuits, mais à courte échéance ; lorsqu'arrive l'époque du remboursement, non seulement pour l'ordinaire le débiteur ne peut acquitter sa dette, mais il se voit même forcé d'en contracter une nouvelle. Le prêteur, qui avait tout prévu, tout calculé d'avance, commence à se montrer difficile ; néanmoins il finit par céder, à condition qu'il lui sera concédé, pour garantie de la somme totale, un contrat de vente *à reméré* de la propriété qu'il convoite, peut-être depuis très-long-temps. Il va sans dire que cette vente est faite à vil prix ; mais le prêteur proteste qu'il agit par pur motif de garantie, qu'il n'entend nullement vouloir user de son droit à l'échéance. Protestation infâme! bientôt vous le trouverez impitoyable, et il se mettra sans scrupule en possession du fonds à reméré que vous n'aurez pu racheter au terme de rigueur : la plupart n'attendent même pas ce délai ; moyennant un faible supplément de prix, ils obtiennent de l'emprunteur enlacé une renonciation en bonne forme de son droit de rachat. Somme toute, il résulte que l'obligeant vampire a tiré de son argent un intérêt énormément usuraire.

Ce qu'il importe encore d'observer, c'est que les riche. capitaliste fixant de préférence leur séjour dans les grandes villes et surtout dans les capitales, se refusent aux placements dont ils sont moins à portée de soigner eux-mêmes le recouvrement. De là il résulte que les inconvénients attachés au crédit foncier sont d'autant plus grands que les propriétés se trouvent sises plus loin des capitales, que par conséquent l'agriculture et l'industrie manufacturière, dans les villes et communes éloignées du centre, sont le moins animées par la présence des capitaux.

Mais, quand les risques et les inconvénients qui viennent d'être signalés ne seraient pas si communs ni si graves, le crédit foncier, tel qu'il existe dans l'état actuel des choses, ne pourrait servir de médiateur dans les transactions commerciales; car la circulation des titres de ce crédit ne peut être active ni convenir dans toutes les transactions. On le concevra facilement, si l'on réfléchit que le transport des créances hypothécaires ne peut s'opérer sans des formalités, des frais et des retards qui détruisent le plus souvent l'intérêt qu'on aurait à les transférer.

Il n'est qu'un moyen de sortir de cette situation, c'est d'appeler le crédit public au secours du crédit privé, c'est d'organiser, sur des bases vraiment solides, un large système de banques publiques. A l'effet de faciliter aux lecteurs l'étude de cette question importante, je vais livrer à son examen divers projets.

CHAPITRE III.

BANQUE FONCIÈRE.

—

ARTICLE Ier. Il est créé à . . . . une Banque Foncière, qui établira des succursales partout où elle le jugera utile.

DU CAPITAL DE LA BANQUE.

ART. II. Le fonds capital de la banque est fixé à la somme de. . . . .

ART. III. Ce capital sera formé soit par l'ensemble des moyens ci-dessous, soit par une partie de ces moyens.

1° L'état versera dans les caisses de la banque, en numéraire, ... millions de francs ;

2°. Il mobilisera tout ou partie de ses domaines et versera aux caisses de la banque les mandats hypothécaires qui seront le produit de cette mobilisation ;

3° Il garantira sur une partie de l'impôt foncier l'ensemble des opérations de la banque ;

4° La banque émettra . . . . actions de . . . . francs chacune. Ces actions pourront être versées partie en numéraire, partie en titres de crédit reconnus valables.

OBJET DE LA BANQUE.

Art. IV. La banque a pour objet de donner à l'agriculture un développement de plus en plus large et fécond, en établissant le crédit foncier sur des bases solides et à la fois productrices. Les moyens qu'elle emploie pour arriver à ce but sont détaillés ci-après.

MOBILISATION DU CAPITAL FONCIER.

Art. V. La banque mobilisera le capital immobilier et accordera des crédits à tout propriétaire, jusqu'à concurrence des trois quarts de la valeur libre et dûment garantie de ses immeubles. Cette valeur sera fixée, de l'assentiment du propriétaire, par une commission d'experts choisis par la banque.

Art. VI. La banque émet des obligations de deux sortes. Les unes sont payables à présentation et ne portent aucun intérêt ; les autres sont à termes ; elles portent intérêt, *à l'origine*, de 3 0/0 l'an (1). Ces obligations ont pour gage les contrats et les inscriptions hypothécaires qui leur donnent naissance, et surabondamment : 1° le capital de la banque, 2° la garantie de l'état.

CONDITIONS DE LA MOBILISATION.

Art. VII. La mobilisation ne sera accordée qu'aux propriétaires qui auront justifié de la plénitude et de l'incommutabilité de leurs droits, et de plus, s'il y a lieu, d'un acte de garantie, délivré par une compagnie d'assurance.

La banque se chargera elle-même d'assurer, pour son propre compte toutes sortes d'immeubles.

Art. VIII. Tout propriétaire qui voudra obtenir la mobilisation de ses immeubles devra consentir, par acte public, bonne et valable hypothèque, tant en faveur de la banque que de

----

(1) A mesure que le crédit de la banque s'étendra, cet intérêt baissera de plus en plus, jusqu'à disparaître complètement. Tous les effets de la banque finiront par être également recherchés et par faire fonctions de numéraire. Cette assertion sera démontrée.

tout porteur des obligations qu'il aura émises par son intermédiaire.

Art. IX. La banque sera autorisée par le même acte 1° à procéder, au besoin, aux formalités légales pour la purge des anciennes hypothèques ; 2° à employer la portion nécessaire des nouvelles obligations que l'emprunteur aura contractée envers elle, à éteindre les anciennes dettes remboursables.

Art. X. Le propriétaire s'engagera, en même temps, à ne faire, sur les immeubles désignés dans l'acte hypothécaire, aucuns changements qui puissent les déprécier.

MÉCANISME ET FORMALITÉS DE LA MOBILISATION.

Art. XI. La banque exigera le dépôt, dans ses archives, de tous les titres et documents requis à l'appui de la demande de mobilisation. Ces archives resteront à perpétuité dépositaires de ces titres et offriront toutes les garanties possibles pour leur conservation ; un classement bien ordonné, aidé par un répertoire, devra offrir les plus grandes facilités pour les recherches et vérifications.

Art. XII. A l'aide des agences qu'elle établira dans toutes les localités où leur service sera reconnu indispensable, et au besoin à l'aide de l'avance des frais d'expédition, la banque coopérera à la recherche, à l'expédition et à la réunion des titres que les propriétaires ne pourraient fournir eux-mêmes.

ART. XIII. Si des procès déjà pendants, ou des contestations nées à l'occasion de la nouvelle vérification, élevaient des obstacles contre la mobilisation, la banque emploiera sa médiation et les offices d'un comité de contentieux pour concilier les parties ; à défaut de conciliation, elle aidera par l'assistance de ce comité et par l'avance des frais nécessaires, la partie qui, d'après l'avis du comité, serait fondée en droit, mais dépourvue des moyens de le faire valoir par devant les tribunaux.

DES ANNUITÉS.

ART XIV. La banque n'admettra aucune obligation hypothécaire dont l'acquittement ne soit possible à l'époque déterminée. A cet effet, la totalité de la somme créditée sera divisée en autant de délégations sur le revenu net disponible de l'immeuble affecté à son hypothèque. Le montant de chaque délégation ne devra jamais excéder la valeur du revenu annuel.

ART. XV. Ces délégations porteront le nom de *Mandats d'annuité*. L'annuité est un rente qui éteint la dette, lorsqu'elle est servie pendant toute la durée de l'emprunt.

Art. XVI. Les annuités doivent être acquittées en espèces métalliques ou en obligations de la banque, qui reçoit ces obligations pour leur valeur nominale avec bonification de l'intérêt échu, si elles portent intérêt.

Art XVII. Chaque mandat jouira d'un droit privilégié sur le revenu ou annuité qui aura été délégué pour son acquittement, sans préjudice de l'hypothèque générale qui lui appartiendra sur la même propriété concurremment avec les autres mandats ou délégations.

Art. XVIII. Au fur et à mesure qu'une annuité sera échue et qu'elle aura été soldée par le débiteur, celui-ci aura droit à l'émission d'un nouveau mandat sur le revenu de l'année qui suivra immédiatement la dernière annuité émise.

Art. XIX. Si la valeur de l'immeuble a augmenté et que l'amélioration soit dûment garantie, le propriétaire aura droit à l'émission de mandats supplémentaires pour ce surplus de valeur. Par contre, si la valeur de l'immeuble venait à diminuer, toute nouvelle émission serait suspendue jusqu'à ce que la somme en circulation fût réduite au-dessous de la nouvelle valeur. A cet effet, il sera annuellement procédé à une inspection de l'état des immeubles par des commissaires experts de la banque.

Art. XX. Les mandats d'annuité seront, à leur échéance, payés par les caisses de la banque, quand même le débiteur n'en aurait encore versé le montant ; par conséquent, les porteurs de mandats n'auront aucun droit à exercer contre le débiteur, à moins que la banque, par suite de quelqu'évenement extraordinaire, ne pût les acquitter elle-même.

DISPOSITIONS PARTICULIÈRES

Art. XXI. A l'effet de prévenir une trop grande affluence de mandats à la même caisse et d'assurer la ponctualité des paiements, tout mandat qui dépassera 200 francs sera divisé en quatre coupons, à chacun des desquels sera assigné un trimestre différent. Dans le courant de ce trimestre, chaque mandat sera de droit admis au paiement, à l'échange ou à l'escompte, par la caisse de l'arrondissement où sont situés les immeubles représentés par ces mandats. Les paiement, échange ou escompte des mandats représentant des immeubles situés ailleurs ne seront obligatoires qu'après dix jours de vue.

Art. XXII. Tout mandat, dans le courant de l'année de son échéance, sera reçu et donné pour comptant par les caisses de la banque ;

dans les années suivantes, il sera également reçu pour comptant, mais il sera annulé aussitôt son encaissement.

ART. XXIII. Les mandats qui n'auront pas été présentés à la banque dans le courant des cinq années qui auront suivi celle de leur échéance seront prescrits au profit de la banque, à moins que des réclamations faites en temps utile n'aient suspendu le cours de la prescription.

ART. XXIV. Les mandats d'annuité seront nominatifs. Chacun d'eux : 1° indiquera sommairement la nature des immeubles qui leur servent de gage ; 2° il indiquera l'acte passé entre la banque et le propriétaire ; 3° il mentionnera en outre le nom des compagnies d'assurance qui ont concouru aux garanties requises.

ART. XXV. Ces mandats seront à souche et à talon. Ils seront revêtus des timbres et des signatures de l'administration supérieure et de l'agence de l'arrondissement où seront situés les immeubles ; ils seront confectionnés de manière à rendre impossible la contrefaçon. La souche restera auprès de l'administration supérieure et le talon auprès de l'agence.

ART. XXVI. Le transfert des mandats aura lieu par simple endossement ; ils pourront être convertis en mandats au porteur, moyennant une déclaration du dernier cessionnaire.

ART. XXVII. Lorsque le transfert aura été transcrit sur les registres d'une agence de banque et que l'identité des parties aura suffisamment été constatée, cette double formalité garantira le cessionnaire contre la perte du mandat et, le cas échéant, la banque lui en délivrera un nouveau, après avoir pris les mesures de précaution qui seront prescrites à l'effet de prévenir tout abus et double emploi.

ART. XXVIII. A l'égard des mandats au porteur qui auraient été volés ou égarés, la banque se bornera à prendre les précautions qui seront en son pouvoir, afin que ces titres ne puissent profiter à des tiers, et rentrent, s'il est possible, entre les mains du légitime possesseur.

ART. XXIX. Il sera ouvert auprès de l'administration supérieure de la banque un Grand-Livre du crédit foncier, où chaque propriétaire aura son compte courant particulier. Chaque compte contiendra :

1º La désignation des immeubles crédités et le détail des mandats qui auront été délivrés, sur la garantie de ces immeubles ;

2º Seront aussi désignées les charges et passivités dont ces immeubles se trouveraient grevés ; on aura soin de distinguer celles dont l'extinction est possible et celles qui ne peuvent être amorties, rachetées. .

ART. XXX. Un extrait de chaque compte courant, conforme au Grand-Livre, sera transmis à la banque du lieu où les immeubl s hypothéqués sont situés, avec les mandats délivrés par la banque. Chaque banque d'arrondissement formera un livre particulier et transmettra les dits mandats aux propriétaires crédités.

ART. XXXI. La banque ne prend point l'engagement de fournir en espèces toutes les sommes portées en crédit ; la nature de sa constitution donnant à tous les titres qu'elle émet la valeur et la faculté monétaires, elle se réserve de payer en papier.

NOTA. — Je crois inutile de poursuivre la série des articles : les autres ne pourraient contenir que des dispositions qui sont à peu près communes à toutes les banques.

CHAPITRE IV.

AVANTAGES IMMENSES DE LA MOBILISATION.

On voit, par les statuts qui précèdent, qu'une banque foncière, sagement dirigée, peut offrir un faisceau de garanties, et, par conséquent, inspirer une confiance sans bornes. Or, le résultat naturel de cette solvabilité et de cette confiance parfaites, c'est que tous les titres de crédit mis en circulation par une telle banque feraient absolument fonctions de numéraire, c'est-à-dire (c'est là le point capital) qu'ils seraient reçus pour comptant.

Qu'est-ce que la monnaie ? Un instrument d'échange, un signe conventionnel. Est-ce que le papier n'est pas également un signe qui représente des valeurs échangeables ? Le numéraire, il est vrai, possède une valeur intrinsèque ; mais le papier qui représente un immeuble dûment garanti porte en soi une valeur plus réelle encore. Beaucoup s'imaginent que rien ne peut remplacer la monnaie pour les usages quotidiens, pour les petits achats ; ce jugement n'est point fondé. Qu'est-ce qui empêcherait notre banque de fractionner au besoin ses mandats au porteur et ses mandats d'annuités eu valeurs très minimes ? Je ne veux point dire qu'il faille pousser le fractionnement jusqu'à fabriquer des mandats-centimes ; il me semble que, par exemple, des mandats de 20 francs feraient aussi bien fonction de numéraire que des pièces d'or de cette valeur. Nos mandats offrent même un avantage auquel ne sauraient prétendre les métaux, c'est qu'on peut, *sans frais,* s'assurer contre les risques de leur perte ou de leur destruction. Il suffit pour cela de les faire inscrire sur les registres de la banque, ainsi que l'autorise l'article 27 des statuts.

Il est facile de concevoir combien la mobilisation améliorerait tout-à-coup la fortune du propriétaire foncier. Je vais énumérer sommairement les principaux avantages qu'il en retirerait :

Premier avantage. — Le propriétaire n'aurait plus besoin de recourir à l'emprunteur et par conséquent de lui solder des intérêts pour l'usage temporaire qu'il aurait fait de son argent ; c'est lui, propriétaire, qui, par l'entremise de la banque, *se prêterait à lui-même* sans se dessaisir, sans se priver le moindrement de la jouissance de l'objet qu'il aurait converti en capital circulant. Le même service, le même profit qu'il retirerait du numéraire, il le retirera du *papier-monnaie*, avec cette différence que, ne faisant éprouver de privation à personne, il ne paie d'intérêt à personne ; tout au plus aura-t-il à payer un 1/2 ou 1 pour cent à la banque pour subvenir aux frais d'administration de cet établissement. Peu importe que ces frais fussent perçus d'abord à un taux un peu plus élevé, l'important est qu'il ne se montent pas à plus. Comme tout délégataire d'hypothèque peut être en même temps actionnaire de la banque, il se recupererait par ses dividendes de l'excédant perçu.

Si le propriétaire ne veut pas se servir pour lui-même de ses mandats hypothécaires, alors il peut les prêter au commerce ou à l'industrie de la même manière et aux mêmes conditions qu'il prêterait de l'argent, c'est-à-dire, moyennant un intérêt convenu.

Il est donc bien évident que notre *banque hypothécaire* aurait pour effet de rendre tout immeuble productif de deux revenus : 1° revenu de denrées, de fermage ou de location ; 2° revenu d'intérêts. C'est en cela que le capital foncier est infiniment supérieur au numéraire métallique, qui ne produit qu'un seul revenu : la prime d'intérêt.

Maintenant, à quel taux s'élèvera ce second revenu de l'immeuble mobilisé? Je n'entreprendrai point de l'évaluer exactement, cela tient à des circonstances fort complexes. Il est certain que la mobilisation venant tripler la somme du numéraire, doit, de ce point de vue, en diminuer considérablement l'intérêt; mais, d'un autre côté, il faut considérer que la mobilisation donnera au commerce, à l'industrie et à toutes les grandes entreprises le mouvement le plus actif, l'essor le plus hardi. Il est donc raisonnable de croire que le taux de l'intérêt se maintiendra à un degré assez élevé. L'on peut voir, en effet, que les établissements industriels, en général, règlent leurs spéculations moins en raison du taux de l'intérêt qu'en raison des chances de profit et de pertes, et que partout où le talent et la prudence président tant à leur fondation qu'à leur direction, le dividende est rarement au-dessous de 6 pour cent, non compris les intérêts. D'où il faut conjecturer que le total du produit du capital circulant pourra souvent s'élever même au-delà de 12 pour cent, outre le revenu foncier.

2° Avantage.—Une fois la mobilisation opérée, les capitaux métalliques afflueront vers la propriété immobilière, ce qui nécessairement en fera hausser le prix. Alors, l'augmentation dans la valeur de l'immeuble permettra à la banque de délivrer au propriétaire une plus forte somme de mandats hypothécaires, et, à celui-ci de retirer de ces mandats un plus fort revenu.

3e Avantage. — Grâce aux facilités qu'offriraient les mandats hypothécaires, la plupart des propriétaires feraient sans nul doute sur leurs domaines des améliorations importantes ; ils en feraient aussi tant dans le mode et les instruments d'exploitation que dans la culture et la fabrication des produits. Ils auraient évidemment intérêt à rien épargner, dans les nouvelles constructions des bâtiments, de ce qui peut leur donner de la solidité, les mieux garantir contre l'incendie, les rendre plus conformes aux lois de l'hygiène. Ces diverses améliorations auraient pour conséquence : 1° de classer les propriétés parmi celles qui courent le moins de risques, et alors les primes d'assurance auxquelles elles sont soumises seraient diminuées en proportion ; 2° d'augmenter, non seulement le capital de l'immeuble et le revenu foncier, mais encore le capital circulant et le revenu mobilier, c'est-à-dire que l'augmentation serait tout au moins en raison double de la dépense.

Par la même raison, tout propriétaire s'empresserait de contribuer aux dépenses des travaux publics qui seraient ordonnés par l'état, pour le diguement des torrents et des rivières, le dessèchement des marais, ainsi que pour toutes les autres mesures de précaution générale, tendant à diminuer les risques.

4ᵉ *Avantage.* — Il serait le résultat de l'organisation des entrepôts dont je parlerai dans le chapitre suivant. Ces établissements ayant pour effet de faciliter la conservation des produits et d'en rendre la vente plus facile et à la fois moins dispendieuse, le revenu foncier se trouverait donc aussi très favorisé sur ce point.

5ᵉ *Avantage.* — Il faut encore faire entrer en ligne de compte ce qu'il y aurait d'avantageux à pouvoir : 1° se libérer d'anciennes dettes, contractées à titre onéreux ; 2° S'affranchir de toute vexation ; 3° Ne plus se voir exposer au *décri* qu'entraîne aujourd'hui les *dettes hypothécaires.* On n'aurait à redouter aucun de ces dommages dans le système de la mobilisation. Nous avons démontré que le taux de l'intérêt se réduirait bientôt au-dessous de 1 pour cent : ceci écarte le péril de l'emprunt usuraire ; quant aux deux autres inconvéniens, voici comment ils disparaîtraient :

Le propriétaire crédité serait, il est vrai, tenu à solder ses mandats à leur échéance, mais la banque étant garantie, soit par sa mise au fonds social, soit par les délégations hypothécaires qu'il leur aurait souscrites, et pouvant l'être aussi par le versement des produits de l'immeuble dans ses entrepôts, la banque pourrait donc sans aucun risque faire des avances pour le compte des retardataires, sauf à percevoir l'intérêt de ces avances et à tenir la main à ce qu'ils régularisent leur situation dans un délai déterminé.

On peut résumer ainsi les profits de la mobilisation, pour la masse des petits propriétaires, et souvent pour la plupart des gros :

1° Doublement du capital et du revenu ;

2° Changement complet de situation : *d'emprunteur on devient prêteur ;*

3° Écoulement plus assuré des denrées et des produits de la terre ;

4° Participation aux bénéfices de la banque, et moyens de participer à ceux de divers autres établissements industriels ;

5° Garantie pour l'avenir contre le danger d'usurpation ou de contestation sur les droits de propriété.

Je pourrais pousser plus loin l'énumération de ces avantages, mais ce que j'en ai dit me paraît suffisant pour impulser à la fondation de notre banque, non seulement tous les possesseurs d'immeubles, mais encore les industriels et même les simples travailleurs, car la banque foncière devrait nécessairement déverser sur l'industrie et le travail une partie du nouveau capital circulant que produirait le système de la mobilisation.

CHAPITRE V.

BANQUE DE L'AGRICULTURE ET DE L'INDUSTRIE.

DU CAPITAL DE LA BANQUE.

ART. 1er. Le capital de la banque sera formé de la même manière que celui de la banque foncière, c'est-à-dire, soit par l'état, soit par des commanditaires, soit, mieux encore, par l'action combinée de commanditaires et de l'état.

ART. 2. L'objet spécial de la banque sera de donner toutes les facilités, tout le support, tous les développements possibles tant au crédit mobilier qu'à l'industrie agricole et manufacturière.

Art. 3. A l'effet de remplir le vœu de l'article précédent, la banque ouvrira plusieurs bazars et entrepôts, ou elle en favorisera et patronera l'organisation. Ces établissements auront leur siége dans les grands centres commerciaux et industriels, c'est-à-dire, dans les principaux points de production, de consommation et de communication.

Art. 4. Les produits entreposés seront classés par séries et numéros d'ordre et enregistrés sur un livre spécial.

Art. 5. Les ventes se feront à prix fixe ; une étiquette apposée sur chaque objet indiquera le prix.

Art. 6. La banque avancera à ceux des déposants qui le désireront, les deux tiers de la valeur estimative de leurs produits. Ces avances seront soldées en billets à ordre, à terme, ou en numéraire, au choix du déposant.

Art. 7. Lorsqu'un dépôt aura été vendu, le prix en sera versé par l'acheteur directement à la caisse de la banque, celle-ci en effectuera ensuite le paiement au vendeur, sous retenue de l'ensemble des frais, primes d'assurances et avances qui auraient été faites.

Art. 8. Tout dépôt fait dans un entrepôt pourra être transporté dans un autre, sans cesser dans l'intervalle de jouir des garanties accordées par la banque, pourvu qu'elle ait consenti au transport.

ART. 9. Les certificats de dépôts contiendront la désignation exacte, la quantité, la qualité et l'état des objets déposés. Ils mentionneront, en outre, les conditions auxquelles le dépôt aura été admis et le nom des compagnies qui l'auront assuré. S'il est possible de fractionner le dépôt en parties, les dits certificats pourront être divisés en autant de coupons.

ART. 10. Les articles 24, 25 et 26 de la caisse foncière, relatifs aux mandats d'annuités, sont applicables aux certificats de dépôt.

ART. 11. Partout où il sera établi un entrepôt par la banque ou sous son patronage, il sera également établi une agence chargée de l'inspection et contrôle du dit entrepôt. Cette agence devra, à cet effet, ouvrir des comptes courants en faveur de tous déposants et cessionnaires.

ART. 12. A l'effet de faire jouir des avantages du crédit les industriels dont les productions ne sont pas de nature à être entreposées, telles que la maçonnerie, la charpente, etc., la banque arrête les dispositions suivantes :

ART. 13. Équivaudront à des dépôts mobiliers tous transferts de polices, contrats, etc. par lesquels ils sera démontré que l'emprunteur a des droits solides sur des bâtiments déjà construits ou en cours de construction.

REMARQUE. Les entrepôts et bazars offriront les avantages suivants :

1° Conservation et garantie des dépôts, soit agricoles, soit industriels, etc.;

2° Garantie, tant au profit de la banque qu'à celui du déposant, de l'intégralité des gages du crédit ;

3° Prix fixe, et garantie des objets vendus ;

4° Concentration dans un même lieu de ce qui aujourd'hui se trouve disséminé dans cent endroits : économie de temps pour l'acheteur ;

5° Exposition perpétuelle des produits (ce qui dispensera des expositions périodiques).

6° Les bazars recevant les objets d'art, tiendront lieu d'un musée universel.

7° Au moyen de catalogues bien faits, on pourra acheter sans se déplacer, il suffira d'écrire : envoyez-moi tels ou tels numéros.

8° Enfin, les agences de la banque serviront d'intermédiaires pour opérer toutes sortes d'échanges.

CHAPITRE VI.

AVANTAGES DE LA BANQUE D'INDUSTRIE.

Dans l'état actuel des choses, le fonctionnement industriel se trouve très souvent arrêté par
la pénurie de numéraire et le défaut de crédit. A
la moindre crise commerciale, le petit fabricant se trouve condamné à suspendre ses travaux, ce qui, pour beaucoup, est l'avant-cou-
reur de la faillite.

Avec 4,000 francs, on peut, d'ordinaire, le
crédit aidant, confectionner, produire pour
dix mille francs de marchandises ; mais le crédit ne va guère au-delà, en moyenne. Si les
rentrées se font bien, l'industrie prospère ;
mais viennent les *méventes*, le producteur éprou-

ve aussitôt suspension de crédit, pénurie de matières premières et pénurie d'argent. Ce qui est encore plus cruel, il se voit forcé de recourir aux expédients pour payer ses ouvriers, et même assez souvent le salaire reste en souffrance. Que la crise se prolonge, le crédit s'éteint entièrement; il manque des matières indispensables et tombe dans le *chômage*.

Voulant à tout prix éviter le chômage et l'espèce de discrédit qu'il entraîne, beaucoup alors ont recours aux usuriers; ce détestable remède ne sert ordinairement qu'à précipiter, qu'à consommer leur ruine.

Le petit fermier n'est pas moins soumis que l'industriel aux fâcheux effets qui résultent de l'encombrement des marchés. C'est dans le facile écoulement de ses denrées que reposent toutes ses ressources monétaires : Y a-t-il *mévente*, sa bourse est à sec. Cependant il lui faut acheter des semences, réparer son outillage, pourvoir aux besoins journaliers. Il a beau s'imposer mille privations, négliger, abandonner même l'éducation de sa famille, cela ne suffit pas pour le sortir de la gêne. Mais ce n'est pas tout : le fermage est échu, le propriétaire presse, menace même. Comment faire? Le malheureux fermier ne voit que deux partis à prendre : *emprunter* ou *vendre à vil prix*. Ces deux partis sont également ruineux. Dans le

7*

premier, il devient la proie de l'usurier ; dans le second, il tombe dans les griffes de l'accapareur.

Pour obvier à ces calamiteuses alternatives, il est donc de toute nécessité d'ouvrir au crédit une voie plus large. Je vais démontrer par un exemple que notre banque d'industrie remplirait ce but d'une manière très satisfaisante.

Reprenons notre petit fabricant aux 4,000 francs de fonds capital et transportons-le dans le pays de nos banques. Avec son modeste pécule, il a confectionné pour dix mille francs de marchandises ; mais sa bourse est vide. Que fait-il alors ? Il fait transporter ses produits au bazar. Supposons maintenant que les experts-assureurs garantissent ses dépôts seulement pour les deux tiers de leur valeur réelle, la banque alors lui compte aussitôt la somme de . . . . 6,666 fr. 66 c.

Avec ces 6,666 fr. 66 c., il continue de travailler et se voit à même de faire, au besoin, un 2me dépôt, qui, valant au moins 7,800 fr., sera admis pour . . . . 5,200 » »

Avec 5,200 fr., il fera un 3me dépôt et il recevra. . . 3,466 66

____

A reporter. 15,333 32

Report	15,333	32
Avec 3,466 fr, 66 c., il fera		
un 4me dépôt, ci.	2,311	10
Avec 2,311 fr. 10 c., il fera		
un 5me dépôt, ci.	2,140	72
Avec 2,140 fr. 72 c., 6me		
dépôt, ci	1,427	14
Avec 1,427 fr. 14 c., 7me		
dépôt, ci	0,951	60
Avec 951 fr. 60 c., 8me dé-		
pôt, ci	0,634	40
Total des dépôts. . .	22,798	28

Ainsi, l'on voit qu'avec 4,000 fr. d'avances,
notre petit propriétaire pourrait porter ses produits jusqu'à plus de 34,000 francs de valeur
réelle ; car, dans notre calcul, les produits ne
sont estimés qu'aux deux tiers de leur valeur.
Or, de cette sorte, il alimenterait pendant fort
long-temps sa fabrique et pourrait parfaitement attendre le moment favorable à la vente.
Par l'institution de notre banque d'industrie les
crises industrielles seraient donc infiniment
moins désastreuses. Nous verrons dans le chapitre suivant qu'elles deviendraient même impossibles, dès qu'on aurait, par la garantie du
travail, répandu l'aisance parmi les masses,
qui s'empresseraient alors de prendre part (selon
l'expression d'un économiste officiel) *aux joies
de la consommation.*

CHAPITRE VII.

BANQUE DU TRAVAIL.

—

ARTICLE PREMIER. Il est établi à. . . . .
une banque de travail. Le fonds capital sera
formé comme il est dit page 40, art. III.

ART. 2. L'objet de la banque est d'assurer la
continuité, la liberté et le perfectionnement du
travail, en admettant aux avantages du crédit
celui qui ne possède que ses bras, *le prolétaire.*

ART. 3. La banque divise ses opérations en
trois ordres de crédits. L'ordre N° 1 concerne
les matières premières du travail; l'ordre N° 2
concerne les outils et instruments utiles; l'ordre
N° 3 comprend les frais généraux de nourri-

ture, de logement, de vêtement, d'ameublement, etc.

ART. 4 Le maximum de chaque crédit est déterminé selon les professions, les temps, les
lieux, les circonstances et aussi selon le degré
de confiance qu'inspire la personne créditée.

ART. 5. Il sera ouvert des crédits de l'ordre
N° 1 et de l'ordre N° 2 à tout ouvrier, à tout
cultivateur contre lesquels il n'existera aucune
preuve d'improbité ou d'incapacité radicale. (1)

ART. 6. A l'égard du crédit de l'ordre N° 3,
il sera exigé des *garanties morales positives.*

ART. 7. La banque délivrera aux personnes
créditées des obligations portant ce titre : *Mandats hypothécaires du Travail.*

ART. 8. Tous mandats seront payables à six
mois de date; ils ne porteront aucun intérêt;
ils seront transmissibles par voie d'endossement.

Tout transfert indiquera sommairement la
nature des fournitures qui y auront donné
lieu.

----

(1) Je ne veux point dire par là qu'il faille abandonner les *incapables* ; je soutiens, au contraire, qu'ils ont
essentiellement droit au support de la loi sociale ; mais il
y a dés moyens plus rationnels de leur procurer ce support. Je ne puis, on le sent, entrer ici dans l'énumération de ces moyens.

Art 9. La banque se réserve le droit de soumettre à son *visa* tout acte de transfert.

Art. 10. La banque se réserve le droit de faire estampiller de son sceau les outils et instruments qu'elle aurait crédités.

Art 11. Il est de condition expresse que tous les mandats délivrés par la banque aux crédités N° 1 et N° 2 seront employés à l'achat de matières, instruments et outils utiles à l'exercice de la profession de l'emprunteur.

En conséquence, les dits mandats, ou leurs provenances, seront considérés comme des FIDÉI-COMMIS.

Art. 12. La banque se remboursera de ses avances, *par ses mains*, en opérant la vente de toutes les marchandises et valeurs quelconques qui auraient été produites à l'aide de son crédit.

Art. 13. Tout emprunteur s'engagera à livrer à la banque, dans le délai de............ une quantité suffisante de produits pour se libérer envers elle. Ces produits seront vendus par l'intermédiaire de la banque, soit dans ses propres magasins, soit partout où elle jugera avantageux de les transporter.

Art. 14. Il est réservé à l'emprunteur la faculté de se libérer en numéraire. Dans ce cas, il pourrait disposer pleinement de ses produits.

Il en pourrait disposer également, dès qu'il

aurait livré à la banque une quantité suffisante de produits pour la couvrir entièrement de ses prêts, intérêts, primes d'assurances, droits de vente et tous autres dûs et éventualités.

· Art. 15. Il sera, pour intérêts et assurances des sommes prêtées, perçu des primes, dont le montant sera fixé par un tarif.

Art. 16. Les marchandises dont il est parlé dans l'art. 12 seront déposées dans les magasins de la banque et vendus par ses agents, pour le compte du producteur.

Art. 17. Le prix de vente de chaque objet sera fixé par des experts-jurés présentés par la banque à la nomination du gouvernement.

La banque percevra un droit fixe sur chaque objet vendu.

Art. 18. Les articles 12 et 13 de la banque d'industrie sont applicables à la banque du travail.

Art. 19. Lorsqu'un dépôt aura été vendu, le prix en sera versé par l'acheteur directement à la caisse de la banque.

Art. 20. La banque dressera un bordereau de toutes les sommes dues sur chaque dépôt pour mandats, avances monétaires, *primes d'assurance*, droits de vente, etc. Le total de ce bordereau prélevé, elle avisera aussitôt le déposant qu'elle tient l'excédant à sa disposition.

Art. 21. Si la livraison dont il est question n'a pas été faite dans le délai fixé, là banque aura le droit de se saisir, *à titre de revendication*, soit des matières non manufacturées, soit des produits de l'emprunteur, lequel demeurera, en outre, passible de tous dommages–intérêts et frais qui résulteront de l'inexécution du présent.

ART. 22. L'emprunteur fera transporter aux lieux désignés par la banque les produits de son industrie.

Toutefois, si le parcours excédait de 1,000 mètres la distance à parcourir de l'atelier du producteur au siége de la banque, celle-ci se chargerait du transport.

ART. 23. Tout crédité N° 2 souscrira au profit de la banque des mandats d'annuité, de telle sorte qu'il devra amortir sa dette dans un délai qui ne pourra excéder 6 ans. (Voir l'article XV de la banque foncière.)

ART. 24. L'emprunteur effectuera, en deuxième hypothèque, au paiement des annuités ci-dessus, tous ses produits présents et futurs, et, en outre, les outils et instruments qui proviendront des prêts de la banque.

ART. 25. Il y aura lieu à *revendication* des dits outils et instruments dans les cas ci–après :

1° Si l'emprunteur les détériore outre mesure ;

2° Dès que deux de ses mandats auront été protestés.

Aʀᴛ. 26. Tout crédité de l'ordre Nᵒ 3 affectera au profit de la banque, en troisième hypothèque:

1ᵒ Tous ses produits présents et futurs ;

2ᵒ Tels objets mobiliers qui seront désignés, au cas qu'il en possède et que la banque l'exige.

3ᵒ Les valeurs quelconques qui pourraient lui écheoir dans l'avenir.

Aʀᴛ. 27. Quiconque désirera être admis au crédit de la banque devra déclarer, *par engagement spécial*, qu'il adhère pleinement à ses statuts.

MODÈLE D'ENGAGEMENT.

1ᵒ Je reconnais avoir reçu de la *Banque hypothécaire du Travail* de. . . . . tant de mandats de crédit, portant les Nᵒˢ. . . . . et formant ensemble la somme de . . . .

2ᵒ Les dits mandats m'ont été prêtés à titre de *fidéi-commis*, c'est-à-dire, à la condition expresse de me procurer des matières, outils, instruments propres à l'exercice de ma profession. Je les emploierai selon le vœu de la banque.

3ᵒ Je n'aliénerai, ni ne vendrai, ni ne mésuserai d'aucun des objets qui, directement ou indirectement, proviendraient du *fidéi-commis ;* je les considérerai comme propriété de la banque jusqu'à ce que je me sois libéré envers elle.

4° Les agents de la banque auront une fois par semaine libre entrée dans mes ateliers, à l'effet d'y opérer toutes inspections qu'ils jugeront convenables.

5° Je livrerai mes produits à la banque, au fur et à mesure de la fabrication, sous les réserves, de la manière et dans le délai indiqués par les statuts.

6° Je me soumets, sans restriction ni réserve, à toutes les charges, clauses et conditions, à tous hypothèques, revendications et dommages-intérêts que de droit, prévus ou non prévus par les statuts.

CHAPITRE VIII.

OBJECTIONS CONTRE LE SYSTÈME DES BANQUES DU TRAVAIL. — RÉFUTATION.

—

Lorsqu'on propose d'hypothéquer le travail futur, on doit s'attendre à des ricanements ou tout au moins à des sourires d'incrédulité et à des mouvements d'épaule. « *Hypothéquer le futur!...* rêve creux ! utopie ! Eh ! qu'y a-t-il, s'écrie-t-on, de plus incertain que le futur ? »

J'avoue qu'au premier coup-d'œil, cette objection peut paraître grave ; mais pour peu qu'on aille au fond des choses, on s'aperçoit bientôt qu'elle n'est nullement fondée. Qu'est-ce donc que le commerce, sinon, en grande partie, l'art de combiner et d'exécuter des spéculatior s aléatoires? Est-ce que les compagnies d'assurances font autre chose que de spéculer sur le futur ?

Il importe de le reconnaître, le futur comme le présent sont soumis à l'action sociale ; l'empire du hasard deviendra d'autant moins redoutable qu'on lui opposera davantage les armes de la prévoyance ; il dépend même des pouvoirs publics de le circonscrire dans les limites les plus étroites. J'entends dire très souvent que les gouvernements ont bien assez à faire de régler le régime actuel de l'industrie, sans qu'ils s'aventurent dans des voies inconnues. Pitoyable raison ! Qu'est-ce que l'état, sinon le pouvoir initiateur et consulaire (1) ? Si on remonte aux lois primordiales de la société, on demeure convaincu que le principal devoir de l'état, c'est précisément de spéculer sur l'avenir, d'appliquer des théories, on pourrait dire de faire FONCTIONS DE PROVIDENCE. C'est à cette condition qu'il est légitime. Y manquer, c'est se montrer incapable ou indigne, c'est forfaire à la loi du progrès, qui a en horreur les *Dieux Termes et les voiles d'airain.*

-----

(1) Ceux qui, chez les Romains, exerçaient le pouvoir exécutif, étaient nommés *consuls,* parce que ce mot implique les idées de sollicitude et de prévoyance. Ailleurs, le Législatif et l'Exécutif se nomment *conseils,* mot qui signifie initiation et prévoyance.

Hypothéquer le futur n'est point une utopie, si l'on a soin de s'entourer de bonnes institutions d'assurance et de prévoyance. Notre banque de travail offre-t-elle des garanties de cet ordre? Ses statuts, j'ose le croire, répondent victorieusement. Les articles 8, 9, 10, 18, 19, 21, 24, 25, 26 suffisent à lever toutes les objections. Une réfutation sommaire des principales rendra plus sensible cette démonstration.

PREMIÈRE OBJECTION.

« Combien de crédités se mettront peu en peine de se libérer envers la banque ou ne le pourront! »

RÉPONSE.

En ce cas, vous revendiquez toutes les valeurs fournies au débiteur : matières premières, denrées, produits manufacturés, instruments, outils, en un mot, tout ce que vos mandats ont servi à payer ; l'article 21 vous donne ce droit, sans préjudice de ceux qui vous sont conférés par la loi commune.

DEUXIÈME OBJECTION.

« Les objets crédités peuvent s'avarier entre les mains du débiteur. »

RÉPONSE.

Cela est vrai ; mais l'objection n'est pas mieux fondée pour cela ; car c'est précisément pour parer à des éventualités de cette sorte que l'article 20 exige des *primes d'assurance*. Si le débiteur remplit ses engagements, (ce qui arrivera au moins dans les proportions de cent sur cent cinq), que vous importe l'avarie, puisque les objets lui demeurent ? La prime d'assurance est donc pour la banque, en ces cas, un bénéfice net. Si, au contraire, l'emprunteur tombe malade et infirme, et que les provenances du fidéi se trouvent détériorées, alors, il est vrai, vous éprouvez avec lui une certaine perte ; mais cette perte sera plus que compensée par les primes d'assurance perçues sur les avances remboursées.

EXEMPLE.

La banque crédite cent cinq ouvriers à raison de cent francs par personne : somme totale, 10,500 francs. Sur ces 105 crédités, admettons qu'en moyenne cinq deviennent dans l'impuissance de se libérer, et de plus, que les objets revendiqués se détériorent ou tombent en baisse (1). Supposons maintenant, qu'y compris les frais d'enlèvement des dits objets, la perte s'élève, en moyenne, à 10 pour cent ; c'est donc, en total, un déficit de 50 francs. Une prime d'un demi pour cent sur les 10,000 francs remboursés

---

(1) Le cas de baisse est une éventualité assez peu importante ; car il pourrait, *par contre*, y avoir hausse, ce qui établit compensation.

couvrira ce déficit. Encore, pour qu'à ce taux de prime il n'y ait aucun boni, faut-il supposer que les insolvables n'aient fait aucun dépôt ; car, s'ils ont déjà manufacturé quelque portion des marchandises créditées, la *plus value* de cette portion compensera en tout ou en partie la perte éprouvée sur le reste.

« Mais, dira-t-on, ces calculs n'ont nulle va-leur à l'égard du cultivateur tombé insolvable. Il peut fort bien arriver que le gage du crédit, le bétail par exemple, soit frappé d'épidémie et périsse. Ce n'est donc pas un simple déficit que vous avez à craindre, mais une perte totale des sommes prêtées. »

Cette objection est, en d'autres mots, celle même que je viens de réfuter. Si les chances sont jugées plus mauvaises, on élèvera la prime. Consultez nos compagnies d'assurances et toutes vous diront que sur une vaste échelle, on peut opérer à coup sûr et que la somme totale des sinistres ne varie point sensiblement, à moins de cás de force majeure. A quoi il faut ajouter qu'un cultivateur n'est pas nécessairement ruiné pour quelques sinistres ; s'il a été malheu-reux cette année, il réussira les années suivan-tes. Cette faculté ne lui est pas toujours laissée. Aujourd'hui, je le sais, faute de mutualité, il demeure bien souvent sur le champ de bataille à la première blessure. Le but de notre banque est précisément de faire cesser une si détestable incurie. « *Pâturage et labourage*, comme dit Sully, sont les deux mamelles de l'état. » Comment pourrait-on leur dénier des moyens de développement. Quand bien même la banque devrait y perdre, je dis que ce ne serait pas un motif suffisant pour excommunier le laboureur des bienfaits du crédit public ; ce serait à l'état, en ce cas, à intervenir. Ce principe, au reste, a été mille fois reconnu ; il existe au budget un chapitre qui le consacre, quoique la somme qui y figure soit tout-à-fait insuffisante. Mais encore une fois, la prime d'assurance suffit à lever complètement l'objection..

TROISIÈME OBJECTION.

« Il est à craindre que l'emprunteur n'aliène les objets crédités et n'en dissipe le prix. »

RÉPONSE.

Il ne faut pas oublier que toutes les avances des ordres N° 1 et 2 ont lieu à titre de *fidéi-commis*. (Art. 11). Or l'article 408 du code pénal condamne de la manière la plus positive à des peines très sévères quiconque fait d'une valeur quelconque un usage autre que celui pour lequel cette valeur lui a été confiée. Nul espoir que le délit demeure ignoré, puisque tout crédité s'engage à représenter toutes les semaines les provenances du crédit.

On conçoit qu'aujourd'hui, sous l'inspiration de la faim, cette mauvaise conseillère, il se trouve quelques malheureux qui ne sachent point respecter les dépôts confiés à leur foi ; pourtant il est certain que ce cas est *infiniment rare*, lors même que le dépositaire a été l'objet d'une spéculation énormément usuraire. A Rouen, à Lille, à Lyon, etc., les prolétaires les plus nécessiteux ont tous les jours entre les mains des tissus, des soieries précieuses : nul ne s'avise jamais de les aliéner. Le fidéi-commis n'est donc pas une innovation : il existe aujourd'hui mêlé au salariat et à l'usure ; il aurait d'autant plus de force dans notre système qu'il serait purifié de ces deux vices.

Quelle différence entre les salariés de l'ordre actuel et les crédités de nos banques ! Pour location du métier nécessaire à son travail et l'avance des matières à confectionner, le prêteur, le maître exige 50 sur cent du prix de la façon. Remarquons que l'impôt et la rente avaient déjà levé sur les matières premières une dîme bien plus forte, de telle sorte qu'un objet vendu en première main 100 francs ne rapporte ici au travail que 26 1/2. *Horreur !* Je n'accuse pas les hommes, mais les choses : il y a tant de frais, de charges, le taux de l'intérêt est si élevé, les affaires commerciales présentent tant de risques, il y a tant de concurrence, on est si pressé de faire fortune ! Le prolétaire agricole n'est guère mieux traité. Ne savons-nous pas que le *Colon partiaire* paie la rente du sol qu'il cultive de la moitié de tous ses produits ? Outre cela, il est encore obligé de faire au commerce une large part.

Avec nos banques du travail, plus de détresse ! plus de misère ! plus d'angoisses du lendemain ! Comment donc supposer que nos crédités commettent un délit qui est si rare de nos jours, malgré les misères les plus lamentables ! Ce serait dire qu'un arbre stérile peut porter des fruits lorsqu'on aura extirpé ses dernières racines. Non, non, il n'est pas possible qu'un homme à qui il restera un atôme de conscience ou une lueur de raison se conduise comme vous l'insinuez ; vos défiances calomnient l'espèce humaine.

Je vais plus loin, je dis que lorsque nos banques seront bien assises, il ne sera nullement besoin de l'expédient du fidéi-commis et des *rigueurs* du code pénal. A supposer que le sentiment de la probité, la voix de la conscience et de l'amour-propre puissent être facilement étouffés dans le cœur de l'homme, je dis qu'il suffirait de l'intelligence la plus vulgaire pour persuader à tout crédité, *au nom de l'intérêt,* de demeurer probe et intègre. S'il en agit autrement, en effet, il perd son crédit et aussitôt retombe dans le salariat et dans le chômage ; autrement dire, de *libre* il devient serf, d'une honnête aisance il retourne au paupérisme !

Mais la banque ne borne pas ses précautions au fidéi-commis. A l'origine, elle craint que certains crédités puissent avoir quelques tentations dangereuses, si elle leur remet de prime-abord entre les mains des valeurs monétaires. En conséquence, elle dispose que ses mandats ne seront échangeables que contre des outils et des fournitures conformes à la profession du crédité ; le *Visa* exigé par l'art. 9 lui donne la faculté de s'assurer que nulle connivence de la part du vendeur n'est venue contrarier ses vues, que les objets crédités ont été équitablement fournis. Quant aux instruments et outils, l'estampillage dont parle l'art. 11 leur donne une solidité équivalente à celle d'un immeuble. L'acheteur d'un objet portant le sceau de la banque serait puni de la même peine qu'un homme qui, sciemment, achète un objet volé. Il perdrait à la fois son argent, sa liberté, son honneur, et cela infailliblement ; car rien ne serait plus facile que de découvrir le délit. Or, un tel degré d'idiotisme et de folie est infiniment rare, même de nos jours. Arguerez-vous qu'il sera facile, le plus souvent, de faire disparaître l'estampille ? Je réplique : l'ouvrier qui, pour aliéner ses outils, effacerait le sceau de la banque, aggraverait encore, la peine prévue par l'art. 408 : il deviendrait passible des mêmes peines qu'un gardien de saisie qui briserait les scellés et volerait le séquestre. Concluons donc une seconde fois que l'objection est absurde et calomnieuse.

Je ne pousserai pas plus loin cette analyse. Au lieu de se plaindre que notre banque du travail n'offre que des garanties insuffisantes, il serait *plus rationnel* de me faire un reproche d'une autre nature : ce serait d'avoir trop concédé à cet esprit de défiance contre les classes laborieuses qui fait la honte de notre siècle. Il faut qu'un état social soit bien vicieux pour qu'un écrivain honnête croie devoir jeter en pâture aux préjugés un tel *luxe* de garanties.

Les seules chances vraiment aléatoires que pourrait courir notre banque, ce serait dans les prêts N° 3. Pourtant, si l'on examine les choses sous toutes leurs faces, on verra que sur ce point même l'objection n'est guère fondée. En voici les raisons :

1° L'article 6 dispose que les prêts de cet ordre ne sont pas de rigueur ; que, lorsqu'il en sera fait, on exigera des garanties morales positives. Mais est-ce qu'aujourd'hui même le crédit personnel ne joue pas un rôle important dans le commerce ? Ne voit–on pas chaque jour une multitude d'industriels et de commerçants faire des spéculations bien au–delà de leur avoir, sans que leur crédit en soit ébranlé le moindrement ? Or n'est-il pas indubitable que lorsque notre système sera en vigueur, l'ouvrier, l'industriel de toute profession aura plus de ressources et sera infiniment moins soumis à ces vicissitudes et à ces revers de toute sorte qui viennent actuellement ruiner le crédit privé ?

2° Si l'emprunteur a des valeurs mobilières ou des prétentions quelconques, on peut hypothéquer ces valeurs.

3° L'emprunteur N° 3 s'oblige, comme ceux de l'ordre N° 1 et N° 2, de livrer ses produits à la banque. Pour qu'il y ait perte quelque peu considérable, il faut supposer qu'il ne produise pas, il faut supposer quelque accident de *force majeure* : les cas de mort, d'incapacité de travail, de longue maladie.

4° Une faible retenue sur chaque somme prêtée sera versée dans une caisse spéciale et formera un fonds d'assurance. Ce fonds sera destiné à couvrir toutes les pertes éprouvées par la banque. En cas d'incapacité de travail, de longue maladie, la banque délivrera au débiteur une quittance de la somme prêtée. Est-il rien de plus juste, de plus philanthropique, de plus moral et pourtant, il ne faut pas l'oublier, de moins coûteux?

Le prêt de l'ordre N° 3 sera donc, dans toute sa vérité, un contrat d'assurance mutuelle. Rien de bien nouveau dans cela : une foule de sociétés de ce genre existent partout depuis long-temps et elles ne se ruinent pas, que je sache. Pourquoi donc notre banque aurait-elle plus à craindre, elle qui aurait beaucoup plus de moyens d'action, elle qui, par son immense crédit et son excellente organisation, aurait résolu le problème de réduire énormément les intérêts du capital? (Voir banque foncière.)

Je crois avoir suffisamment réfuté les objections qui s'attaquent à la possibilité, à la *solidité* de notre banque du travail. Je ne me flatte pas d'avoir prévu tout ce qu'on pourra dire sur ce sujet; mais j'ai la conviction que les raisons que je viens d'émettre portent en elles la réfutation de toutes les assertions contraires à l'ensemble de notre système. *Reste maintenant* une objection d'un autre ordre, qui ne manquera pas d'être faite: c'est le grand argument de certains économistes contre toute idée d'émancipation industrielle. Je vais donc l'examiner avec quelque détail.

QUATRIÈME OBJECTION.

« Si l'on protège l'industrie aussi efficacement

que vous le demandez, les produits afflueront
de toute part, il y aura encombrement partout.
Au lieu d'introduire dans l'industrie des éléments de sécurité et de prospérité, vous n'aurez
fait que rendre plus intenses et plus fréquentes
les crises commerciales et industrielles, ainsi
que tous les fléaux qui en sont la suite : *Grèves,
chômages, etc.* »

RÉPONSE.

PREMIÈREMENT. Je conçois qu'actuellement
l'abondance de la production apparaisse quelquefois comme un fléau ; mais si le règne de
l'abondance a coïncidé très souvent avec les pé-
rils de l'encombrement, il ne suit point de là
que l'abondance de la production ait pour conséquence inévitable l'encombrement et le désordre ; ces vices disparaîtront avec les causes
qui leur donnent naissance : *le Monopole et la
Concurrence anarchique.*

Causa sublatâ, tollitur effectus.

Pour établir l'équilibre entre la production et
la demande, il faut : 1° connaître les besoins et
les ressources du consommateur ; 2° régler sur
cette connaissance l'œuvre de la production.
Or, ceci exige qu'il existe un certain concert
entre les producteurs. Ce concert ne peut s'établir sous le régime de la concurrence anarchique ; car chaque producteur a intérêt à ce que

ses concurrents ignorent le chiffre de ses productions, et, d'ailleurs, nul ne peut connaître tous ses concurrents. Chacun s'efforce, au contraire, de donner le change aux autres. Aussi, la production se faisant au hasard, sans ordre, sans mesure, sans prudence, est-il tout naturel que l'équilibre entre *l'offre et la demande* soit à chaque instant troublé par l'encombrement d'une industrie et l'abandon d'une autre. Nos banques seraient parfaitement à même d'obvier à ces inconvénients ; en voici les raisons :

1° Elles connaîtraient d'une manière approximative le chiffre des marchandises et denrées en voie d'échange, puisque la plupart de ces produits, sinon tous, seraient déposés dans leurs entrepôts et bazars ;

2° Elles auraient certaines données sur la somme des produits en cours de fabrication, puisqu'elles auraient procuré au plus grand nombre des producteurs les matières premières, et que les *autres* industriels, ayant presque tous des rapports avec la banque, auraient intérêt, par conséquent, à se concerter avec elle sur l'opportunité et le chiffre de la production.

3° Comme le but de nos banques serait l'avantage de tous et qu'il ne serait pas rationnel de croire qu'elles puissent vouloir tromper leurs commettants, le producteur accorderait à leurs avis la plus grande confiance.

De là il résulte qu'il leur suffirait d'annoncer que tels ou tels produits surabondent, pour mettre en garde contre le danger de les multiplier davantage. Qui les empêcherait d'ailleurs de limiter le droit de dépôt, en établissant à cet égard une règle générale et impartiale?

DEUXIÈMEMENT. Nous n'avons combattu jusqu'ici que sur le terrain de nos adversaires; on va voir maintenant qu'ils ont mal posé la question et que l'objection ne peut résister un seul instant à la puissance de nos solutions économiques. On s'effraie à l'idée de voir la production devenir exubérante, on se torture l'esprit pour voir partout des crises commerciales, *on redoute l'abondance*. L'erreur de ceux qui ont de si étranges idées provient de ce qu'ils acceptent comme une règle normale et certaine ce qui, bien souvent, est le résultat d'une grave perturbation dans l'ordre économique. S'ils envisageaient la question d'une manière plus large et plus progressive, ils comprendraient que ce n'est pas toujours du fait de l'offre et de la demande, mais des besoins réels du consommateur, qu'il faut déduire le chiffre de la production. Conclure du chiffre de la consommation à des besoins identiques de la part du consommateur, cela est d'une logique de myope :

c'est appliquer à la santé le régime de la maladie. M. Proudhon a fort bien caractérisé cette faiblesse d'analyse des économistes dits *utilitaires* dans les passages que je vais rapporter. (1)

« 1° Le travail est l'action intelligente de l'homme sur la matière , dans un but de satisfaction personnelle ; 2° la 1ʳᵒ loi du travail est la division ; 3° par cette loi, tous les travailleurs sont solidaires. Lors donc que , soit par exubération de travail , soit par défaut de communications et d'échanges , soit par l'effet des concurrences ou toute autre cause indépendante de la volonté des producteurs , il y a sur certains points encombrement de produits , et , par suite, dépréciation et non-valeur , n'est-ce pas parce que le travail a été mal divisé ? N'est-ce pas parce que une des fonctions sociales , *le commerce*, a été remplie sans intelligence ? Et lorsque le travailleur est surpris par la disette à côté de son produit refusé , n'est-ce point aussi que la loi de la solidarité est violée ? »...

.... Les économistes ont accepté comme pièces probantes, comme lois fatales et absolues de la société, les innombrables accidents de non-valeur amenés par la lutte des fabricans, *par l'insuffisance de la consommation* et l'imprévoyance des producteurs : et ils se sont appliqués à trouver des

---

(1) *De l'Ordre dans l'Humanité , page 369.*

recettes de précaution contre toutes ces chances. De là leurs spéculations interminables sur *l'offre et la demande*, double élément, selon eux, de la valeur et principe régulateur du commerce. Dans la plupart des livres d'économie politique, l'offre et la demande sont deux divinités capricieuses et ingouvernables, ne relevant d'aucune loi que de leur bon plaisir, constamment appliquées à jeter le trouble dans les relations commerciales et à leurrer les pauvres humains. Toutefois, rendons justice à nos devanciers : leur méprise sur ce point est venue de leur respect pour la liberté du travail ; ce motif excuserait un million de fautes. »

Plus loin, M. Proudhon, remontant aux causes, explique ainsi le phénomène anomal de l'encombrement et des crises commerciales :

« L'homme oisif enlève au travailleur l'épargne et le capital ; et comme sans capital, il est impossible de travailler à nouveau et de reproduire des valeurs, il s'en suit que le producteur n'est plus qu'un instrument dans les mains du capitaliste, qui lui vend ainsi le travail, avant d'*écumer son produit.*

« Dans cette situation, le travailleur pressuré cherche à s'affranchir des entraves du capitaliste en élevant son salaire et demandant des garanties ; le capitaliste, que les prétentions du travailleur inquiètent, s'efforce de réduire la main-d'œuvre en remplaçant l'homme par la machine; tant qu'à la fin celui qui auparavant comptait dans la société comme travailleur se trouve tout-à-coup exclu de la production et de la consommation.... Voilà comme l'abondance des produits peut être accompagnée de non vente et de misère. »

Oui, voilà où il faut chercher la vraie cause du mal, et non dans les encouragements donnés à la production. Il suffit de jeter autour de soi un simple coup-d'œil pour se convaincre combien les terreurs de *nos équilibristes* sont peu fondées. Ah! messieurs de la vieille économie, commencez, commencez par assurer *le pain quotidien* à cent millions de vos frères d'Europe qui meurent de misère, commencez par vêtir ces myriades de prolétaires dont la nudité ou les haillons sont l'opprobre de notre siècle; commencez par leur procurer à tous, *par le travail*, je ne dis pas le luxe, mais *le nécessaire* du logement et de l'ameublement; répandez dans toutes les couches de l'ordre social une honnête aisance, et alors nous écouterons vos théories sur la *continence industrielle* (1).

Jusque là nous craindrions d'insulter au mal-

____

(1) Les mêmes économistes prêchent la *continence maritale*. Comment concilier ces deux ordres d'idées?

heur et à la souffrance que de demander qu'on mette des entraves aux lois de la production.

TROISIÈMEMENT. Si le crédit était constitué, si la continuité et la liberté du travail étaient garanties, cette révolution industrielle en opèrerait une analogue dans l'ordre de la consommation.

1° Les ouvriers acquérant une certaine aisance, se procureraient les choses nécessaires et utiles ;

2° Ils rechercheraient des logements plus salubres, plus spacieux, plus confortables. Cela aurait pour effet d'assurer la location des maisons et d'augmenter dans des proportions énormes les travaux de construction, de réparation, d'amélioration et d'ornement. Propriétaires, architectes, ouvriers, commerçants de toute sorte, tous y trouveraient leur compte.

3° Toutes les professions, toutes les industries ressentiraient l'heureuse influence de notre système de garantisme : la prospérité de chacun réagirait sur tous, et la prospérité générale tournerait au profit de chacun.

4° Il existerait encore un moyen bien puissant d'assurer davantage l'écoulement des produits déposés dans les magasins de la banque du travail ; ce moyen est fort simple. Il s'agirait de faire prendre à tout crédité l'engagement formel de *s'approvisionner et se fournir dans les magasins de la banque*, qui se chargerait de rendre, franco à domicile, toutes les denrées et produits achetés. Dans notre système, l'intérêt de chaque déposant étant intimement lié à la prospérité de la banque, il est naturel d'espérer que cette mesure serait généralement comprise et que tous s'empresseraient d'y accéder. Cette combinaison serait admirablement avantageuse et commode. Elle contribuerait à simplifier les travaux de la banque, faciliterait les opérations et aurait pour effet de diminuer tous les frais du crédit : intérêts, primes, remises, etc. Au lieu de mandats, la banque fournirait directement aux besoins de l'ouvrier : matières premières, outils, denrées, etc. ; ce qui rendrait inutiles la plupart des mesures de précaution réservées par les statuts.

Par toutes les considérations que j'ai énumérées, il me paraît suffisamment établi que, sous le régime de nos banques, on n'aurait nullement à craindre l'encombrement des marchés ni les crises commerciales ; que, par conséquent, l'objection n'est point fondée. Pourtant je me suis placé dans le *cercle de Popilius* tracé à l'industrie par les législations douanières et prohibitives. Que sera-ce donc lorsqu'une économie plus intelligente et plus juste, lorsqu'une politique plus sage et plus généreuse viendront briser les barrières qui séparent les peuples ? L'aperçu qu'on va lire, écrit, il y a dix ans environ, par un publiciste anglais, me paraît un argument décisif à l'appui de mes raisonnements :

QUATRIÈMEMENT. « Le système actuel des droits de douanes a renversé l'équilibre établi par la nature entre le Nord et le Midi.

« Dans toutes les contrées qui forment le littoral de la Méditerranée, de Ceuta à Constantinople, du Bosphore à Gibraltar, l'expérience a appris à l'agriculteur qu'il doit planter des arbres dans ses champs, pour éviter que l'ardeur du soleil n'en dessèche le sol. La culture des arbres fruitiers, entremêlée avec celle des céréales, du lin, du chanvre ou du coton, offre le plus riche système d'exploitation rurale des pays méridionaux ; toutefois ce système n'est que partiellement adopté, et il ne saurait être généralement suivi que tout autant que la consommation des fruits ne serait pas limitée dans le nord par des droits hors de toute proportion avec la valeur de ces fruits.

« Lorsque dans les plaines d'Andalousie ou de Mauritanie on voit la quantité considérable de fruits dont les oliviers, les amandiers et les figuiers sont chargés, la grosseur des raisins, la beauté des mûriers et l'abondance des oranges, citrons, cédrats et autres fruits de cette espèce, et, dans les villes d'Algérie, ces

chameaux qui apportent des dattes du désert;
quand on songe que tous ces fruits pourraient
facilement se transporter dans le nord, qui en
est privé, soit dans leur état naturel, soit trans-
formés en boissons ou rendus susceptibles de
conservation, et que l'on considère que la plupart de ces fruits ne fournissent pas seulement
à la sensualité de la table du riche, mais qu'ils
sont encore des substances alimentaires; que les
vins et les huiles sont incontestablement dans
cette catégorie, et que si les fruits secs ne sont
pas dans le nord vus sous cet aspect, c'est que
leur cherté les met hors de la portée du prolétaire;

« Quand, d'un autre côté, on voit les popula-
tions de la Méditerranée couvertes de haillons,
leurs plaines dépouillées d'arbres et sans culture,
et que l'on entend les cris de famine des bords
du Rhin, de l'Angleterre et de l'Irlande dont
les peuples meurent de faim sur des tas de tissus, de faïence et d'objets de toute sorte, de
fabrique humaine, le cœur déborde de malé-
diction contre l'égoïsme monstrueux de ces propriétaires anglais qui, pour louer leurs terres
plus cher, affament les peuples, et, de la Bal-
tique à la Méditerranée, paralysent le travail
et arrêtent le progrès.

« On n'a pas l'idée de l'abondance avec laquelle
ces fruits viendraient à se produire et du bas prix

auquel ils tomberaient, si les droits qui restreignent l'importation étaient ôtés. La culture alors en deviendrait générale, car on y serait encouragé par la fraîcheur que les arbres procurent au sol et par la vente de leurs fruits : une livre de fruits secs exige moins de labeur qu'une livre de blé ; une fois l'arbre venu, c'est la nature qui fait tout le travail.

Si la culture de la vigne se développait dans le midi, les vins y seraient à des prix si bas qu'il n'est guère de boisson fermentée qui pût être établie à si bon marché. Quelle augmentation de ressource pour le peuple des Iles Britanniques, si les terres cultivées en orge l'étaient en blé ou en pommes de terre, ou si l'orge était transformé en pain au lieu de l'être en bière ! — Quelle serait considérable la navigation que nécessiterait le transport des fruits et boissons du midi dans le nord !

Si l'on permettait entre le nord et le midi l'échange des produits fabriqués par celui-ci contre les boissons et les fruits de celui-là, quel immense accroissement de travail manufacturier et agricole ! Combien l'écoulement de tous les produits serait facile de part et d'autre ! Quel bien-être général il en résulterait !

On objectera peut-être qu'il y a d'autres marchés que l'Angleterre..... Pas pour le sujet anglais : *l'interdiction de sortie* est universelle.

« L Angleterre, pour favoriser son commerce métropolitain d'abord, puis ses colonies occidentales, repousse presque totalement de sa consommation, par l'énormité des droits, les marchandises et denrées du monde entier. Aussi, dans tous les pays de sa domination ou qui sont sous son influence, la moitié au moins du sol demeure-t-il inhabité ou sans culture : le traité de Methuen, par exemple, a fait plus de ruines et de déserts dans le Portugal, l'allié et l'ami de l'Angleterre, comme dit le cabinet, que n'en eût fait dans dix ans l'invasion de trois cent mille Cosaques ! Qu'on juge par là de la modération britannique à l'égard des peuples conquis ! L'Indien, sous le plus beau et le plus fertile climat du monde, s'abrutit et se crétinise de plus en plus. D'après des calculs dignes de foi, en moyenne, le total de la dépense annuelle d'un Indien ne dépasse pas 75 francs, dans laquelle somme est comprise celle de 4 fr. 50 cent. qui suffit pour son habillement. Je ne parle pas de l'Irlande : la misère et l'oppression y dépassent tout ce que l'imagination la plus sombre saurait imaginer. Et comment en serait-il autrement, lorsqu'on y voit encore en vigueur des lois telles que celle-ci : « Il est absolument défendu à tout Irlandais de fabriquer des étoffes de laine, de commercer avec les colonies anglaises, de vendre leurs grains sur les marchés anglais. » Ces lois sont sanctionnées par des peines terribles.

« Au premier aspect, on s'étonne d'une politique si atroce et on se demande si c'est de dessein prémédité ou par une inconcevable incurie que l'Angleterre sème ainsi autour de soi et au milieu de ses possessions la famine et d'immenses déserts? Ne lui serait-il pas plus lucratif d'exciter la culture, sauf à dîmer et redîmer le sol? Pauvres politiques que nous sommes! Mais pour que les peuples cultivent et produisent, il faut qu'ils puissent vendre. Or, si 1° les denrées étrangères passent sur les marchés étrangers, elles en rapporteront des marchandises non anglaises; premier dommage à la fortune britannique; 2° Que l'Angleterre se borne à un demi-monopole, à une demi-tyrannie, qu'elle impose ses produits, soit, s'écrie-t-on; mais, du moins, qu'elle ouvre aux nations ses vassales les marchés anglais : cette politique de demi-tolérance aura le double avantage de donner un débouché aux produits, aux denrées étrangères et à la fois d'apporter l'abondance aux vingt millions d'affamés qui agonisent dans les trois royaumes bretons. Eh! qu'importe à Messeigneurs les Milords que le peuple meure ou non de faim, pourvu qu'il en reste assez pour engrener leurs machines? Qu'importe que les denrées des nations rivales ou sujettes pourrissent dans les greniers ou que leurs terres restent en friche ? Ce qu'il leur faut à tout prix, c'est que leurs denrées, à eux, se vendent à des prix énormes, que leurs terres soient affermées fort cher, et on sent que pour cela le meilleur moyen c'est d'y *organiser légalement* un système général de *famine perpétuelle*. Vous parlez de prévoyance concernant les denrées de première nécessité, de greniers d'abondance..... Mais le gouvernement qui songerait à de pareils moyens n'en aurait pas pour huit jours, il serait aussitôt accusé du crime de haute trahison, car il aurait porté atteinte à la propriété territoriale. Des greniers d'abondance !... jamais ce système ne pourra se concilier avec l'autocratie commerciale ni avec l'aristocratie politique. Les lords d'Angleterre aiment cent fois mieux jeter leurs grains dans les rivières ou les laisser pourrir dans leurs greniers que de les vendre à trop bon compte ; ils se récupèreront l'année suivante. (1) »

La prédiction de notre publiciste vient de s'accomplir : Robert-Peel est aujourd'hui en butte

---

(1) Telle est aussi la politique de la plupart des seigneurs russes. On nomme un de ces misérables qui, à lui seul, a fait jeter dans la Newa plus de 20,000 tonneaux de froment, à une époque où ses propres serfs mouraient de faim. Horreur ! mille fois horreur ! ! !

aux accusations et aux haines les plus violentes ; mais l'aristocratie n'a pas osé combler la me-sure : les prohibitions homicides sur les subsistances viennent d'être abolies. Révolution immense ! qui a une portée plus large encore que ne pensent la plupart de ses amis et de ses ennemis. Maintenant que Cobden, que les ligueurs poursuivent et achèvent leur tâche glorieuse, qu'ils organisent des institutions de crédit et de garantisme, qu'ils fassent seulement le quart des efforts et des sacrifices qu'ils se sont imposés pour les Corn-Laws, et bientôt ils pourront constater dans les trois royaumes la disparition du paupérisme et du prolétariat. C'est ainsi qu'ils peuvent couper la dernière racine de l'arbre des révolutions et acquérir par là une gloire immortelle.

CHAPITRE IX.

CONSÉQUENCES MORALES ET POLITIQUES DES BANQUES DU TRAVAIL.

—

Il résulte de tout ce qui précède que nos banques du travail procureraient les avantages suivants :

Premièrement. — On ne verrait plus ni chômages, ni grèves, ni coalitions, ni collisions sanglantes : 1° parce que chacun retirerait de son travail le nécessaire et le confortable ; 2° parce que le travail n'aurait plus ce caractère de contrainte et d'infériorité qui le rend si souvent odieux ; 3° parce que mieux divisé, mieux ordonné, il se dépouillerait de plus en plus de tout ce qu'il a aujourd'hui de répulsif, de monotone et d'excédant. Les produits y gagneraient, parce que l'ouvrier ne serait plus talonné par la nécessité de *livrer à heure fixe et de faire vite*. Aujourd'hui le *travail* gémit sous la loi des extrêmes : l'ouvrier chôme trois ou quatre mois en moyenne ; pendant les huit autres, il est assujetti presque sans relâche à un travail excessif. Notre système a le double avantage de procurer au travailleur d'honnêtes loisirs et, en l'affranchissant du chômage, de le préserver de l'ennui, des douleurs et des vices qu'il entraîne.

DEUXIÈMEMENT. — On reproche aux prolétaires de nourrir des préjugés vandales à l'égard des machines, qui sont une des manifestations les plus sublimes de la science. Ce n'est point la haine des machines qui meut le prolétaire ; ce qu'il combat, c'est le ravisseur qui lui enlève son pain. Avec nos banques du travail, les machines n'enlèveront le pain de personne : car, dans notre système, le prix du travail ne se règle pas seulement par le temps et la peine qu'il exige, on fait encore entrer en ligne de compte la valeur intrinsèque du produit, son utilité, sa perfection ; en d'autres termes, si le temps du travail diminue, le prix augmente en proportion. On n'aurait point à craindre non plus que le travail fût le monopole de quelques ouvriers favorisés ; tous y auraient droit : un réglement impartial sur l'organisation des entrepôts et bazars établirait entre tous une loi juste et inviolable.

Les choses étant ainsi réglées, personne ne songerait à briser les machines, parce qu'alors elles ne seraient plus un instrument de ruine, de misère et de monopole ; qu'au contraire, l'adoucissement des travaux et la multiplication des produits seraient des bienfaits admirables qui deviendraient équitablement la propriété et la conquête de tous.

Troisièmement. — Le trésor, lui aussi, trouverait son compte à ce système : plus il y a d'aisance, moins les impôts sont lourds. Débarrassé rapidement de la lèpre du paupérisme, il pourrait appliquer au bien-être public les sommes énormes que lui coûte tout l'attirail répressif institué pour contenir le prolétariat ; il se verrait déchargé dans peu de temps de l'entretien de ses hôpitaux, en même temps que le public le serait de la mendicité et des bureaux de charité. Au moyen d'une retenue très minime sur le prix de ses productions, l'industrie se créerait un fonds spécial destiné à l'éducation des orphelins et à donner aux malades des soins généreux et confortables. L'industrie, comme l'armée, nourrirait dignement ses invalides. Ceux-ci auraient un palais à eux dont ils institueraient, règleraient, surveilleraient et régiraient l'administration, et où ils seraient admis, au besoin, non par faveur, mais *de par leur droit.*

Quoique plus confortables que nos hôpitaux actuels, nos hôtels des invalides de l'industrie seraient infiniment moins coûteux. La raison en est toute simple : c'est que les malades et les infirmes seraient infiniment moins nombreux. Cette vérité n'a pas besoin de démonstration. Qui ne sait, en effet, que la plupart des maladies chroniques et des maladies aiguës ont pour cause la misère, et qu'une multitude de rechûtes doivent lui être attribuées ? L'excès de travail, les métiers malsains concourent considérablement, je le sais, à produire et envenimer ces sortes de maladies ; mais, si l'on remonte à la source des choses, on verra que l'excès et l'insalubrité du travail proviennent encore de la misère.

Élever à l'industrie ses hôtels des invalides (1), voilà une idée belle et féconde ; je regrette que le cadre de ce petit livre m'oblige de me borner à cette simple indication. Les sympathies du

---

(1) Il est bien entendu que cette institution est également applicable aux femmes et aux hommes. Chaque sexe habiterait un hôtel séparé.

public ne peuvent lui faire défaut, lorsqu'il
sera convaincu que la réalisation en est possible et qu'elle est aussi conforme à la loi économique qu'aux lois de l'hygiène et de la morale.
Il faut espérer aussi que les gouvernements alors
daigneront lui consacrer au moins une partie de
ce que leur dévorent les hôpitaux, les prisons
et tant d'autres ignobles palliatifs.

QUATRIÈMEMENT. — Mais là ne se bornent
point les résultats de notre système : les biens
s'engendrent et se fortifient les uns les autres,
lorsqu'une fois on est entré dans les voies nor-
males. Allégé de la crainte de l'avenir, n'ayant
plus à lutter jour par jour contre des nécessités
impérieuses, l'ouvrier songerait alors aux avantages de la vie intellectuelle, il donnerait à son
instruction une partie de ses loisirs. Loin de lui
être onéreuse, l'instruction concourrait encore
au bien-être de l'artisan, qu'elle rendrait plus
habile dans sa profession, en l'initiant aux ressources de la théorie. L'instruction aurait aussi
pour effet de développer ses facultés intellectuelles, en même temps qu'un meilleur régime
hygiénique aiderait puissamment à la santé et à
force du corps. Or, peut-on douter que ce
perfectionnement simultané du corps et de l'esprit n'agît merveilleusement sur les qualités du
cœur? Ainsi, tout concourrait à éteindre les haines privées et les haines des partis, à ramener

partout l'esprit de justice et de solidarité, à fermer de plus en plus le temple des guerres et l'abîme des révolutions ! ! !

CINQUIÈMEMENT. — Nos banques du travail auraient aussi pour avantage d'assurer promptement le triomphe de la réforme politique. Toutes fins de non recevoir qu'on oppose à cette réforme sont tirées de l'état de dépendance industrielle et d'infériorité intellectuelle dans lequel se trouve le prolétariat. Or, nous avons vu que notre banque du travail lève immédiatement la première objection et ne tarderait pas à lever la seconde.

Je sais bien que ces objections ne sont fondées ni en équité ni en droit ; car dépouiller du droit politique ceux à qui on a fermé l'entrée du droit social, cela n'est rien autre chose qu'une seconde injustice. Mais il n'en est pas moins vrai que l'état de paupérisme et d'infériorité intellectuelle du plus grand nombre ne laisserait pas au vote universel le caractère d'indépendance et de sincérité qu'il doit avoir. C'était, à mon avis, une sanglante satyre du régime industriel actuel que ces paroles imprudentes échappées au *Journal des Débats :* « Vous ne prétendez pas empêcher, apparemment, qu'un candidat n'ôte sa pratique à un marchand qui a voté contre lui, ou qu'un propriétaire ne retire sa ferme à un électeur qui lui a déplu (1) » Quelle odieuse alternative que de se voir obligé d'opter entre sa conscience et la ruine ! Quels éléments de démoralisation et de servitude dans une pareille situation !

Non seulement nos banques assureraient (la réforme électorale une fois opérée) l'indépendance des électeurs, mais encore elles provoqueraient, elles hâteraient puissamment l'avènement de cette réforme. « Pour obtenir la réforme électorale, dit le *Courrier Français*, il faut que préalablement *la question sociale ait été plaidée et entendue;* le meilleur moyen de stimuler, de passionner les esprits, c'est de montrer à l'avance le prix de la victoire. Demander la réforme électorale et garder le silence sur les questions économiques, c'est *masquer le but,* c'est diminuer l'arme de toute valeur qu'on a entre les mains. »

La situation de la Suisse témoigne d'une manière frappante combien il est périlleux d'isoler les réformes politiques des réformes intellectuelles et économiques. Presque partout, dans ce pays, existe depuis long-temps le suffrage universel, presque nulle part pourtant les actes

---

(1) Si ce ne sont les paroles expresses du journal, c'en est exactement le sens.

du gouvernement ne donnent satisfaction au sentiment général, aux besoins du plus grand nombre.

Dans les cantons à jésuites, les élections comme les lois, sont faussées par l'ignorance et la superstition. Or, c'est surtout la misère qui perpétue ces vices.

Bâle et Genève vivent sous le régime de la Ploutocratie et de la féodalité commerciale et industrielle. Les seigneurs de la terre et de l'industrie qui règnent dans ces villes tiennent sous leur dépendance immédiate la plupart des électeurs. Les petits fermiers et les petits fabricants s'y trouvent précisément dans le cas dont parle le *Journal des Débats*. C'est ce qui explique pourquoi tant de lois civiles et industrielles oppriment la majorité des citoyens et même la plus grande partie de ceux qui ont investi de leurs suffrages les promoteurs de ces lois. Aussi n'ayez peur que les Ploutocrates, que les loups-cerviers, que les monopoleurs d'autre espèce prêtent la main aux institutions économiques : ils savent trop bien que leur domination expirera le jour où le petit agriculteur et le petit industriel seront hors de leurs griffes, le jour où le travail sera assuré et libre. Voici un exemple de cette vérité :

L'an dernier, on était sur le point d'établir à Genève une banque industrielle. L'aristocratie mit tout en œuvre pour faire échouer ce projet ; elle y réussit. Les *Juifs* de l'endroit sentirent parfaitement que lorsqu'on aurait devant soi des ouvriers aisés, des consciences indépendantes, il deviendrait fort difficile de faire manœuvrer selon leurs vœux la gibecière électorale et parlementaire.

Pour amoindrir le danger de la corruption électorale, on s'est imaginé d'ôter le droit politique aux domestiques et aux assistés. Presque tous les cantons suisses ont adopté cette mesure qui, au défaut d'être tout-à-fait inefficace, joint le défaut plus grave encore d'être profondément immorale ; car c'est accoler à la bienfaisance le sceau de la flétrissure. C'est ce qu'avait fort bien compris Napoléon, lorsqu'il s'écriait :

« On les éloigne avec soin de toute participa-
« tion aux affaires publiques ; pourquoi cette
« seconde injustice ? C'est que celui qui ne pos-
« sède rien ne peut être citoyen ; c'est que
« l'homme que la loi n'a pas mis à même d'être
« heureux en est l'ennemi. Il eût fallu l'y in-
« téresser ; mais on ne l'a pas fait et l'on se croit
« obligé de l'en écarter comme un être dange-
« reux et avili. Et de bonne foi, quand je ver-
« rai un de ces malheureux être supplicié pour
« avoir violé des lois mensongères et oppressi-
« ves, je m'écrierai avec douleur : c'est le fort
« qui victime le faible ! il me semblera voir l'A-

« méricain périr pour avoir violé la loi de l'Es-
« pagnol ! »

(Napoléon. *Discours couronné par l'Académie
de Lyon en* 1791.)

Le canton de Vaud possède depuis 15 ans le
suffrage universel, il n'est dominé ni par les
prêtres, ni par la finance; pourtant il a subi
pendant 15 ans la loi de son aristocratie, il n'a
pu parvenir à se délivrer de la lèpre du paupérisme, à tel point que naguère encore il a fait
une nouvelle révolution dans l'espoir d'améliorer son sort. Vain espoir ! le paupérisme règne toujours comme ci-devant, tant il est
vrai qu'il n'est aucune amélioration possible en
dehors des questions économiques et industrielles.

Il est bon de dire pourtant que les pouvoirs
publics ont tenté un instant de soulever les questions sociales au sein du Grand-Conseil ;
mais ils ont échoué, parce que, préalablement,
ces questions n'avaient pas été suffisamment
mûries, plaidées et entendues. Il importe qu'on le
reconnaisse bien, il ne suffit pas de saisir le public d'une vérité, pour que cette vérité à l'instant même devienne un règne de conduite pour
tout le monde. Les préjugés et les abus ne se
détrônent pas ainsi. Comme tous les souverains
illégitimes, ils ont une armée pour les défendre.
Est-ce une raison pour se décourager et mettre

la lumière sous le boisseau ? Non , cent fois non : rien ne résiste à la puissance de la vérité , et lorsqu'une fois elle s'est produite dans le monde, son triomphe est assuré , si surtout ses apôtres sont animés de l'esprit de propagation et de persévérance.

Les constituans de Berne sentent que c'est surtout dans les réformes économiques que gît le problème. Ils consacrent dans leur pacte social le droit d'association et le droit de vivre en travaillant. Ils s'occupent de la question des banques et concentrent aux mains de l'état les bourses des pauvres et les biens de la bourgeoisie. Berne a en main des ressources plus que suffisantes pour extirper à jamais jusqu'à la dernière racine du paupérisme. Il suffirait de créditer le travail , au lieu de renter le *Pauper* , le chômage.

En résumé, je crois avoir démontré que le succès et la virtualité de la réforme électorale sont intimement liés à la réforme industrielle et à la propagation des idées économiques : j'ai donc lieu d'être convaincu que tous les vrais amis de cette réforme prêteront à notre banque du travail leur énergique concours.

CHAPITRE X.

CONCLUSION.

—

J'ai promis, en commençant ce livre, de signaler le moyen d'organiser progressivement la liberté et le bien-être universel. Ai-je rempli mon programme ? Le lecteur décidera. Tout le monde, reconnaîtra, au moins, j'espère, que cet écrit n'est point une œuvre de coterie. Propriétaires, industriels, prolétaires, tous y ont leurs intérêts ménagés, et, j'ose le croire, autant que possible, conciliés. Les premiers verraient leurs domaines considérablement évalués et leurs revenus doublés. Les seconds se verraient affranchis de l'usure, du chômage, des méventes et des crises commerciales. Quant aux troisièmes, non seulement leur travail serait continuellement assuré et mieux rétribué, non seulement ils seraient mis à même de passer du *salariat* au travail libre; mais, en outre, ils pourraient s'assurer, eux et leur famille, contre les effets sociaux des sinistres ordinaires de la vie : les maladies, l'invalidité, l'orphelinat, le veuvage, etc., etc. Ces avantages valent bien la peine qu'on y songe.

J'avais dessein de formuler un projet d'assurance contre l'invalidité, la maladie, l'orphelinat, etc. ; je crois qu'après les notions que j'ai données dans ce livre sur le mécanisme des contrats légaux, je puis laisser au lecteur le soin de tirer les conséquences. Une fois la continuité du travail assurée, rien ne serait plus facile aux ouvriers que de former et alimenter toutes les caisses d'assurances qui seraient jugées nécessaires. Il serait important d'adopter toujours le mode et le principe de la mutualité. Moyennant cinq 0/0 du produit de leur travail, ils seraient affranchis de toute crainte relativement aux besoins de la vie. En supposant que tous les coûts et frais de la banque et des bazars se montent aussi à cinq 0/0, il leur resterait encore 90 0/0 ; à peine aujourd'hui leur reste-t-il 50, encore ce faible salaire se trouve-t-il souvent considérablement décimé par les chômages, les maladies et une foule d'autres sinistres.

Quant à la manière de répartir les produits annuels des caisses d'assurances, les sinistrés auraient à choisir soit l'indemnité en numéraire, soit l'indemnité en nature, soit l'entrée aux *In-valides de l'industrie*. On pourrait établir également un *Hôtel des Orphelins*.

A défaut des gouvernements, il dépendrait d'un certain nombre de propriétaires d'assurer le triomphe de la réforme économique. On a pu jeter plus d'un milliard dans les entreprises de chemins de fer ; il suffirait de quelques millions pour plusieurs banques–modèles qui ne tarderaient pas à s'épanouir sur tout le globe civilisé. La banque foncière serait comme l'artère principale où puiseraient la vie et la croissance nos banques d'industrie, nos banques du travail et toutes les autres institutions de crédit et de garantie.

Je le répète en terminant, notre éconoie politique n'a rien d'utopique, d'anarchique ni de menaçant pour personne. C'est, au contraire, une question de paix et de reconciliation qui vient s'interposer entre diverses questions de guerre. Tous les propriétaires intelligents sentiront que jamais leurs biens n'auront été plus en sûreté que lorsque le prolétaire aura trouvé dans le travail une voie ouverte à son bien-être ; car le poids de la rente semblera infiniment moins lourd au travailleur, lorsqu'il ne paiera plus la dîme au maître aux intermédiaires, aux loups-cerviers, aux faillites, etc. Pour conserver le froment, le laboureur le sépare de l'ivraie : de même que les propriétaires séparent leur cause de celle des spéculateurs parasites; ils y ont tout intérêt. Qu'ils se gardent d'écouter ceux qui tenteraient de les effrayer par le mot *innovation*. Qu'ils sachent que ce n'est jamais sans péril qu'on se pose en Dieux Termes de la société, que ce n'est pas assez de vouloir *conserver*, qu'il faut surtout savoir *préserver*.

APPENDIX.

—

Il y a aujourd'hui une immense diversité dans les conditions d'existence qui sont faites aux masses productrices. Cette diversité provient soit de l'inégalité des produits obtenus à l'aide d'une même somme de travail, soit de l'inégalité de la répartition de ces produits, soit encore de l'une et de l'autre de ces causes. Qu'on en juge par le tableau suivant dû aux savantes recherches de l'américain Carey.

PRODUIT: 100		RÉPARTITION DU PRODUIT.		
		Au Travail.	Au Capital.	Au Gouv^t.
	États-Unis.	72 75	25 »»	2 25
	Angleterre.	56 »»	21 »»	23 »»
	France.	47 »»	36 »»	17 »»
	Inde.	45 »»	55 »»	»» »»

Ainsi ces différences caractérisent seulement la justice distributive. Évaluant ensuite la production aux États-Unis au chiffre 100, M. Carey représente celle de l'Angle.erre par 85, celle de la France par 40, et enfin celle de l'Inde par 10.

De ce double tableau, il résulte que la rémunération du travail s'opère de la manière suivante :

TRAVAIL. 100	RÉPARTITION DU PRODUIT.		
	Part afférente au Travail.	Part afférente au Capital.	Part afférente à l'Impôt.
États-Unis.	72 75	25 »»	2 25
Angleterre.	47 60	17 85	19 55
France.	18 80	14 40	6 80
Inde	4 50	5 50	»» »»

Pour compenser cette honteuse infériorité de production, le gouvernement français a recours aux tarifs *dits protecteurs*. Détestable remède ! Ce qu'il faut, c'est favoriser le crédit, les associations industrielles et le progrès des machines.

Qu'on, s'étonne, après cela, si le citoyen de l'Union américaine regarde avec mépris les législations d'Europe, et si le président Polk jette fièrement à toutes les aristocraties *des paroles de dédain et de défi !*

L'Amérique du Nord dépeuple chaque année le continent européen : la Belgique, l'Alsace, l'Allemagne et la Suisse fournissent à l'émigration un énorme contingent. Elle finira, si on ne change de régime économique, par attirer à elle tous les travailleurs des nations à prolétaires, lorsque l'obstacle naturel des distances sera surmonté. Il suffirait pour cela qu'il s'établisse une société de transport qui se chargeât de tous les frais d'émigration. Une telle spéculation rentrerait dans la catégorie des sociétés d'assurance. Or, il serait facile de démontrer qu'une telle société courrait proportionnellement moins de risques que les sociétés contre les sinistres, et que ses primes seraient plus considérables. Je ne crains pas d'affirmer que le prêteur retirerait plus de dix du cent, tout en rendant à ses débiteurs un service inappréciable.

Ces prévisions n'ont rien de chimérique. Il existe aux États-Unis plus de terres incultes qu'il n'en faudrait pour nourrir cent millions de nouveaux habitants. Ces terres sont le domaine de l'état. Il paraît qu'il a l'intention de les distribuer gratuitement, non seulement aux citoyens de l'Union, mais encore aux prolétaires d'Europe. C'est un moyen formidable d'augmenter sa puissance militaire et de se faire craindre de plus en plus des gouvernements de l'ancien monde. Le Mexique, au besoin, fournirait de nouvelles terres. On n'a point à craindre l'excès de population, de plusieurs siècles du moins : plus des neuf dixièmes du nouveau monde sont encore inhabités.

Une fois l'élan donné, le travailleur d'Europe préférerait retirer en Amérique la valeur intrinsèque de son travail et y devenir propriétaire plutôt que de rester dans son pays sous les fourches caudines du capital.

Ainsi, les nations à prolétaires perdant successivement tous leurs ouvriers, à commencer par les plus intelligents, se verraient enfin forcées d'opérer sur elles-mêmes une réformation sociale, d'autant plus profonde

et plus radicale qu'elle se serait fait attendre davantage.
Car, lorsqu'une nation, après un long repos, se remet
en marche, il est rare qu'elle ne réussisse pas à dépasser
d'emblée celles qui la précèdent dans la carrière. L'his-
toire est là pour constater cette vérité. Voilà une nouvelle forme de révolution qu'il faut ajouter au catalogue
de celles qui, jusqu'à ce jour, ont passé sur le monde.
L'unique moyen de les prévenir toutes, c'est de faire
au travail une position confortable.

FIN.

Imp. de J. Duchesne, à Chalon-S-S.

TABLE.

—

FIN DE LA TABLE.

ERRATA.

Page 4, ligne 9, au lieu de *à tous les autres monopoles*, lisez : *à toutes sortes de monopoles.*

Page 16, ligne 1, au lieu de 1,000, lisez : 10,000.

Page 23, ligne 4, au lieu de *Vehme?* lisez : *Wehme?*

Page 52, ligne 11, au lieu de *paie*, lisez : *paiera.*

Page 59, ligne 18, au lieu de *billets à ordre, à terme*, lisez : *billets à ordre à terme.*

Page 60, ligne 21, au lieu de *industriels*, lisez : *industries.*

Page 65, les chiffres de cette page sont erronés.

Page 70, ligne 19, au lieu de *effectuera*, lisez : *affectera.*

Page 92, ligne 2, au lieu de *franco, à domicile*, lisez : *franco à domicile.*

Page 110, ligne 12, au lieu de *concentrent*, lisez : *parlent de concentrer.*